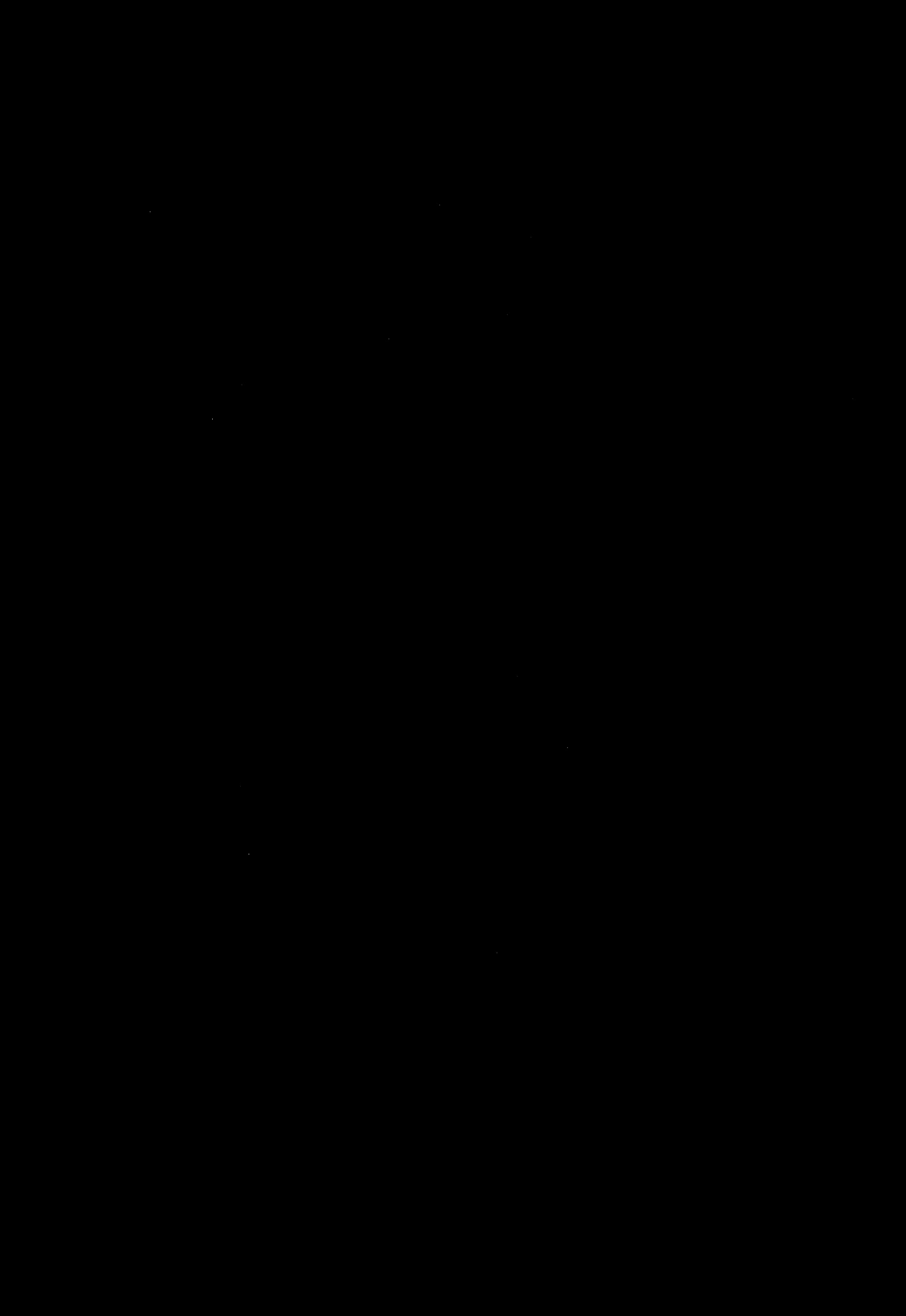

连接更多书与书,书与人,人与人。

让爱回家

幸福可以来"规画"

连亮　姜萍　著

当代世界出版社
THE CONTEMPORARY WORLD PRESS

图书在版编目（CIP）数据

让爱回家：幸福可以来"规画" / 连亮，姜萍著．--北京：当代世界出版社，2017.6
 ISBN 978-7-5090-1234-5

Ⅰ．①让… Ⅱ．①连… ②姜… Ⅲ．①家庭教育 Ⅳ．①G78

中国版本图书馆CIP数据核字（2017）第151115号

让爱回家：幸福可以来规画

作　　者：	连亮　姜萍
出版发行：	当代世界出版社
地　　址：	北京市复兴路4号（100860）
网　　址：	http://www.worldpress.org.cn
编务电话：	（010）83908456
发行电话：	（010）83908409
	（010）83908377
	（010）83908423（邮购）
	（010）83908410（传真）
经　　销：	全国新华书店
印　　刷：	北京凯达印务有限公司
开　　本：	710毫米×1000毫米　1/16
印　　张：	18.25
字　　数：	360千字
版　　次：	2017年9月第1版
印　　次：	2017年9月第1次
书　　号：	ISBN 978-7-5090-1234-5
定　　价：	49.90元

如发现印装质量问题，请与承印厂联系调换。
版权所有，翻版必究，未经许可，不得转载！

推荐序一　使命与价值

从认识连亮老师和姜萍老师起，就被他们的大爱所感动。只有十年如一日的热情投入，才能在家庭教育这份事业中达到这样的高度。他们用自己的行动解答着一个又一个的家庭教育困惑。我深信这本书将改变许多家庭培养孩子的观念。更多的家庭也会从中受到触动，受益终身。

在我二十多年的教育工作中，经常会面对家长们关于培养孩子方面的各种迷茫与困惑，从选什么兴趣班、报考什么大学、是否出国留学、未来发展的方向，以及毕业后寻找什么样的工作，等等。我们都说要让孩子赢在起跑线上，而目前常见的却是，许多人直到大学毕业了，还仍然不知道自己的方向在哪里。真正的起跑线究竟在哪里？成长是需要提前规划的，迷茫是因为没有方向。家长是孩子的榜样，也如同船长，对孩子的成长起到关键作用。家长如何提前为孩子规划未来，并与孩子共同成长，怎样让孩子拥有更美好的人生，是很值得我们深思的。

每个人来到世上都有自己的使命与价值，不管他们是花朵的种子，还是参天大树的种子。教育需要尊重人类的多样性，尊重人与人之间的差异。唤醒每个孩子最独特的创造力，发挥出他们独一无二的生命价值，是我们所有教育人共同的梦想。我认为成就从来都不止一面，成功就是做最好的自己。我们希望未来的人才选拔机制多元化，希望每一位孩子都能健康快乐成长，活成自己想要的模样。

　　一个国家的繁荣取决于人才的发挥和储备，教育已成为国与国之间竞争的一个优先战略。希望用我们的行动，为中国培养更有竞争力的人才贡献一份力量。

国际儿童青少年成长规划研究院创始人　黄丽芳

推荐序二　有爱的教育

西方有句谚语"仆人眼里无英雄",而作为连亮老师的妻子和同行,他却是我眼里那名用爱在做教育的英雄!

与他初识时,他是一名小学语文老师。20岁出头的他自掏腰包来学习心理学的内容,只因他想把他的那帮学生带好。他把很多的业余时间都放在了对孩子的了解,对孩子心理的探索上。于是,在他的教学中,不再只是教知识,而是有了对生命的启发。记得小学有篇课文是《将相和》,他除了引领孩子们完成教学大纲的内容,还通过这篇课文来引发孩子们对自己生活中一些事情的探讨。他让孩子们通过角色扮演来觉知当生活中遇到被人冤枉、被人欺负时如何面对,不同的面对方式背后的心理能量有怎样的不同。经由这堂课,班上好几个孩子的心结打开了,生命的喜悦提升了。这是爱的教育。

后来,源于心中的梦想,源于对教育的热爱,他辞职开始专门做孩子心灵教育。我常说,他似乎与孩子有天然的亲和力,再调皮捣蛋的孩子,再不声不响不理睬人的孩子,和他沟通后,总是愿意走出自己过去的认知，探讨新的可能。在与他更多的接触中，我才发现，他这份天然的亲和力是源于他对孩子的爱、对生命的尊重！

作为他的妻子，我也常常被他的爱所包容和滋养着。正如他在书中所分享的，爱是有序位的。有一次，他下班回来看见我与儿子生气了，他既没说我，也没问儿子情况，而是以丈夫的角色来哄我开心，让我高兴起来。当我们俩有说有笑时，儿子自己就跑来向我道歉了。我常常骄傲地称他为我的"智慧爱人"。

作为连亮的妻子，我不想用什么华丽的语言去评价他及他的著作，我只想感恩他，感恩他所说的正是他在生活中践行的，感恩他对我和孩子们的爱与包容，感恩他不是把"爱"当作当一个理论来做教育，而是用他的爱与热情来做教育！作为他的妻子，我很骄傲！作为他的同行，我很欣慰！

"教练父母"课程创始人　包艺桦

自序一　家庭教育要落地

家长怎样才能懂孩子？

怎样与孩子发生精神互动？

怎样给自己和孩子做规画？

怎样做才能更好地自我成长、家庭和谐？

优秀的父母是怎样训练出来的？有没有简单有效地规画提升父母对孩子的影响力的方法？

在我做家庭教育规画、咨询和培训的14年间，每次课程结束后家长总会提出类似的问题。

作为家长，我们一定要不断唤醒孩子心中的愿景，然后让他制定围绕愿景的目标。把愿景就定在那里，成为一幅画面。所以，我们规画的"画"，不是通常所说规划的"划"，是通过人性成长的规律，通过制定规画来实现心中的那幅蓝图，这就是我们规画的定义。特别请读者从这个意义来理解我们所讲的规画。

过去谈规划，就是目标、行动和成果。很多人成果达不到，不仅调整自己的行为，还改变自己的目标。而在幸福家庭规画体系中，我们的目标定好了，当结果达不成的时候，根本不要改变目标，而是以成果为导向，不断调整我们的状态，然后去支持我们的行动，最终实现我们的成果。

习近平总书记在2016年9月曾提出："素质教育是教育的核心，教育要注重以人为本、因材施教，注重学用相长、知行合一，着力培养学生的创新精神和实践能力，促进学生德智体美全面发展。"总书记高度重视家庭教育，认为家庭是孩子的第一课堂，父母是孩子的第一个老师。要重视家庭建设，注重家庭、家教、家风。家庭教育不是学校教育的辅助，而是具有独立系统的社会模块。

家庭教育要有科学性、系统性、操作性。如何提升家长的教育思想，是个亘古不变的热门话题。当我们走进书店，关于家庭教育的出版物琳琅满目；走进会场展馆，教育孩子的培训和沙龙比比皆是；走进培训学校，各个平台的教育大师粉墨登场，课程异常火爆；各种媒体上，家庭教育的招生、培训充斥我们的眼球……面对国内外众多的家庭教育理论和心理学流派，各种教育课程和训练，到底该选哪一个？适合自己的是什么？

其实无论学习哪种家庭教育课程，家长和孩子或多或少都会有收获，只要坚持下去就一定有改变。我给予的答案是其中一种，就是简单实用的"幸福规画教练系统"。2002年，我开始做家庭教育方面的咨询和培训，十几年培训生涯中培训和陪伴了上万个家庭。近几年开始将"幸福规画教练系统"应用到家长和孩子的成长训练上，通过大量的一对一教练规画和家长团体规画，我和我的团队总结出了一套十分有效的支持家庭提升幸福感的规画体系——幸福家庭规画模型。在幸福家庭规画的实践过程中，我们和家长以及孩子度过了人生中难忘的成长之旅。他们内心喜悦、平和，不断地传播幸福规画教育思想。我们见证了一个个家长由内而外的蜕变，见证了这些优秀的爸爸妈妈如何影响爱人及孩子一起从匮乏走向圆满的过程。在此期间，我们有收获的喜悦，也有总结的教训，通过不断实践、总结和反思，让"幸福家庭规画教练系统"日趋完善。现在，"幸福家庭规画工具宝"已经成型并可以支持更多的家庭实现自我成长、家庭和谐和孩子的健康成长。

这是一本能够帮助家长实施家庭、个人、孩子规画的书籍，包含：

序篇从家庭教育的四大痛点和影响孩子成长的三个因素，引出本书核心内容——幸福家庭规画落地系统模型图。

第1章重点解读幸福家庭规画落地系统的核心内容——爱，分别探讨了爱的内因是什么、爱的心态是什么和爱的方法是什么。

第2章我们解读了幸福家庭规画落地系统模型图的"对联"——向内看，向外突破。这一章有一个经典公式：表现＝潜能-干扰。

第3章用古印度国王"黄金床"的故事，引出幸福家庭落地系统的爱的三个维度。读懂这一章，与孩子共同成长，让爱回家，幸福可以来规画。

第4章我们收录了十个代表性的典型案例，每个案例背后，是一条至真至理的规画教育理念。十个案例中爱仍然是起点。

第5章介绍了六个工具，来帮助家长更好地理解思维系统、心态系统和行为系统。

其中第4章的家长案例是我们在近几年从事家长、孩子的培训、规画和咨询中累积整理的。旨在帮助更多的家长觉察和成长。

为了更好地运用这本书的价值，期待您：

（1）找一个或几个阅读伙伴。这样既可以边阅读边交流，又可以相互分享收获，共同提高。

（2）学以致用。请您结合自己家庭教育的实际情况，在阅读本书时做好练习，写下总结和反思。

（3）与他人分享。用演讲的方式传播分享您的爱的成长。

十年磨一剑，感谢我的老师包剑英对我人生的引领，感谢爱人包艺桦女士对我事业的支持，感谢我的儿子连景坤、女儿连景谦让我体验到作为父亲的责任。感谢我的合作伙伴姜萍女士和她的爱人朱训华先生常年对我的支持与鼓励，感谢青少年规划研究院的黄董事长和所有老师们，是他们激发了我不断推陈出新，不忘本心。感谢教练技术平台的所有老师对我的指导，感谢这么多年出现在我身边的学员，是他们的成长让我更加坚定地传播幸福家庭规画思想。

家庭的成长不可能一蹴而就，而是一种生命的探索和体验，需要理上明、事上磨、心上修、果上证。需要由内而外地转变，需要从上到下地贯通，需要自我觉察，团队支持，需要不断地规画。

让爱的规画落地，从思维到心态再到行为，向内看，向外突破。

连亮

自序二　写在《让爱回家》出版前

深圳华实星星合教育咨询管理公司（前身是星星河）诞生于2010年的春天，公司起初源于创始人连亮和姜萍的一个兴趣爱好：喜欢家庭教育。在成立公司后不断探索的过程中，通过家庭规画传递学习和消除成长中的困惑，我们也开始不断把家庭教育系统化，在系统研究并付诸实践之中，成就了我们的一个梦想——让"家庭规画系统"落地于中国的千家万户，让更多的家长能简单有效地掌握家庭教育的方向和方法，让家庭更和谐。就是这一简单的追求，五年间我们研习了中国悠久的传统文化，借用西方先进的心理学工具，在用心实践中发展出了一套适合中国本土的家庭教育思想体系《幸福家庭规画落地系统》。

用了五年的心血和实践总结出来的这套《幸福家庭规画落地系统》模式是想要达到三个目的：第一，让更多的中国家庭从《幸福家庭规画落地系统》中受益，增加家庭的幸福感，提升全民的整体素质和生命的品质。第二，让我们的孩子能健康、快乐地成长，"少年强则国强"，提高中华民族的竞争力，未来实现中国梦。第三，成为国内"家庭教育"专业义勇

让爱回家 幸福可以来"规画"

军,帮助专业的家庭教育工作者、培训学校老师团队、幼儿园老师团队、学校教师团队、私立学校老师团队系统学习"家庭教育"专业理论知识,实际操作的模板,个人成长的实践体验,团队协作的价值,让更多的个人和团队能接受到《幸福家庭规画落地系统》的培训,让越来越多的人受益,把这份爱传出去。

《幸福家庭规画落地系统》在过去的五年中被超过几万人以不同的方式体验和实践过,在不断实践和观察中总结出了规画运用在"家庭教育""家长成长"中的精髓,在这个过程中要感谢一路陪伴我们的优秀伙伴,她们是陕西咸阳的杨春荣、胡颜静,河南郑州的王丽、韩艳丽、李华,浙江的敖拉,山东的乔玉芬,北京的王美玲,湖北襄阳的向义安、兰彩虹,十堰的范梦泽,荆州的吴老师,广西柳州的来冠玲、陈燕,河北的蒋慧玲,安徽滁州的张德清、贾玉文,深圳的汪于尊、汪蕊,浙江温州瑞安的张京,新疆沙湾的杨红英、刘志萍、王伟华,昌吉的何兴华、范宝月等。还有企业团队的伙伴们:火焰山餐饮团队,上海德韧汽车配件团队,陕西咸阳煤炭团队,好家乡团队,西域商管团队,张大师餐饮团队,河南舞钢水利局团队,湖北十堰教育局,河南舞钢教育局,沙湾教育局,呼图壁县教育局,呼图壁县二中团队,呼图壁县一小、三小团队,昌吉教育局,昌吉州一中、二中,河北石家庄丹辉团队等,就是这群可爱的伙伴,还有曾经在我们身边出现又擦肩而过的伙伴们一直坚持不懈地付出和努力,使无数个家庭和企业团队创造了一个又一个成长变化的经典案例。感恩跟随并相信我们的家长、孩子和团队的伙伴们!一个个的喜讯成为我们

自序二 写在《让爱回家》出版前

不断努力和坚持的动力。

在众多经典案例中,叶星辰、刘逸凡两个孩子在思维格局、心智成长、自我管理、人际关系、学习能力方面都有很大的自我超越,同时在自信心、感恩心、责任心方面都有很大的提升。父母和孩子的亲子关系也有了很大程度的改善,家庭从无序状态走向有序的和谐状态。这种"让爱在家中流动"使得家庭发生了奇妙变化,已经是无数家庭学习的楷模。在企业团队规画方面,张大师餐饮从一个名不见经传的县城火锅店,走到今天全国一百多家连锁加盟的餐饮公司。他的团队是一群学历并不高的伙伴,他们创造了骄人的业绩。

在连亮老师和我创作《幸福家庭规画落地系统》的过程中,获益于不同时期的良师益友们的鼓励。首先是使连亮老师和我走上个人成长之路的启蒙老师包剑英老师,他是一位善于运用儒、释、道开启人生智慧大门的老师,在个人成长方面有非常高的造诣,是包老师引领我们走上了这条路。其后是2010年创办华实星星合之初,我们结识了中国"家庭教育"的先驱"开心妈妈"屈开老师,她老人家以15年从事家庭教育的实践经验和一种对家庭教育的使命感,为我们开启了这条路上的实践和专业知识的引领。在这条路上,我们需要耐得住内心的孤独寂寞,更需要心灵承受压力的自我超越。在这条路上,我们不但要抵挡住金钱和来自各方面的诱惑,还要忍受朋友、家人的不理解。最终,能坚定地在这条路上走下去,屈开老师、周弘老师、董进宇老师、郑委老师、卢勤老师都是我们要感恩和追随的中国家庭教育的前辈。他们的好多书籍一直在引领和指导着我们。近几年在中国家庭教育有很大建树的欧阳维建老师，在思想体系上，在运营模式上对我们都有很大的启发。感恩这一路上的良师益友们！

这次以《幸福家庭规画落地系统》为蓝本的《让爱回家，幸福可以来"规画"》能出版，也要感恩很多支持我们的伙伴。这本书不仅仅是一本专业的书籍，更是一本有感情，教我们如何幸福生活、快乐成长的宝典！

最后，感恩我们的家人、我们的孩子，正是来自亲人无条件的爱与支持，让我们品味到了生活的甘甜。是孩子给了我们现实生活版的家庭教育的试验田，感恩！也感恩众多在家庭教育这条路上做出贡献和正在努力的伙伴们。大千世界，以人为本，愿此书能够帮助更多的家庭实现家庭幸福，孩子快乐成长。把书中描绘的画面变成一种生活方式，引领我们幸福的生活！

姜萍

推荐序一　使命与价值

推荐序二　有爱的教育

自序一　家庭教育要落地

自序二　写在《让爱回家》出版前

序篇　让爱回家——幸福可以来"规画"

4　家庭教育的四大痛点

家庭成员之间缺少基本的精神互动 / 错误的因果标签 / 无效的对错思维模式 / 爱的动力不足

12　影响孩子的三个因素

父母 / 朋友 / 老师

16　幸福家庭规画模型
　　思维系统 / 心态系统 / 行为系统

第1章　一个核心：爱

35　爱的内因：提升彼此生命的厚度
　　马斯洛需求层次 / 成长的疼痛 / 做"在场"的父母

39　爱的心态：能量叠加
　　正能量 / 负能量 / 提升孩子的自尊心

46　爱的方法：幸福可以来规画
　　蜕变 / 螺旋式上升 / 在家庭中成立落地委员会

第2章　两个基本点：向内看，向外突破

62　向内看，我是一切的根源
　　寻找真相 / 通情达理 / 每个人都是"九牛之人"

75　向内看，找到"我是谁"
　　每个人都有一幅属于自己的心灵地图 / 拓展心灵地图 / 去找到"我是谁"

80　向外突破：走出"洞穴"，享受幸福生活和美好世界

　　做自己不愿做的事情叫突破　/　做自己不敢做的事情叫突破　/　做自己不想做的事情叫突破

第3章　三个维度：爱的思维、爱的心态、爱的行为

93　爱的思维

　　愿景——明确"我是谁"　/　目标——言必信，行必果的承诺　/　策略——做有使命有担当的责任者

121　爱的心态

　　觉察力——接纳和欣赏　/　心动力——付出和索取　/　迁善力——信任的力量

154　爱的行为

　　传播思想——合作共赢　/　智慧沟通——激发理想，感召他人　/　教练行为——创新思维，挖掘潜能

第4章 十个案例背后的十大规画教育理念

185 理念一：幸福以爱作底色贯穿始终

爱是看不见的语言 / 爱是仰着头的喜悦 / 爱是说不出的感谢

189 理念二：有动力才走得远

给孩子更多爱的能量叠加 / 活出自己，引领孩子 / 提升彼此的生命厚度

193 理念三：爱孩子就要以目标为导向，关注孩子本身

帮助孩子拥有目标动力 / 引领孩子树立愿景 / 制定明确的目标计划

197 理念四：事情已经发生了，现在如何做让事情变得更好

向内求的力量 / 主动去面对和承担 / 把握自我的人生

202 理念五：我不一定喜欢我欣赏的人，但我一定喜欢欣赏我的人

欣赏就是传爱的过程 / 欣赏自己，欣赏家人 / 创造我们幸福的生活

目录

207 理念六：越付出越拥有，越分享越幸福，越贡献越快乐

"付出者"的重生 / 付出是喜悦的 / 做好自己

211 理念七：所有的不足和缺点都包含在自尊心里面

信任是爱的前提 / 满足孩子的安全感 / 与孩子共同成长

216 理念八：共赢就是构建无限爱的能量场

你给予爱，你就得到爱 / 格局与气度 / 尊重与体谅

221 理念九：人生是一个向内看，向外突破的过程

找回"丢失"十几年的自己 / 去实现心中的梦想 / 精彩人生需要挑战和激励

226 理念十：我是一切的根源，爱是所有的结局

世界永远由你自己来创造 / 给孩子注入爱的能量 / 感恩

第5章　幸福家庭规画落地系统的六大工具

235 工具一：大脑思维6层次——人内在心智运作的系统

人生的意义 / 精神力量 / 身份定位

243　工具二：目标实现7步图——SMART原则

　　　目标匹配的身份是什么 / 关键指标 / 行动与成果

248　工具三：日记系统——365天幸福脚步

　　　自我觉察训练 / 改善内心世界 / 共同成长

252　工具四：爱语手册——朗读是生命的养分

　　　承诺书 / 朗读是生命的养分 / 情感交织

256　工具五：有效沟通的3个指标——准确性、实时性和效率

　　　沟通的效率 / 内心共鸣，打开心扉 / 要价值而不是内容

259　工具六：5种教练能力——运用之妙，存乎一心

　　　和谐氛围 / 积极聆听 / 目标发问 / 有效区分 / 真诚回应

Introductory Chapter

序篇

让爱回家——幸福可以来"规画"

《爱与自由》的课程中，一位妈妈说她很爱儿子，但不知道为什么，儿子很叛逆，总是和她对着干。

"你确实很爱他，但你不一定懂他。"

我之所以这么说，是因为在整个学习过程中，我早就注意到这位妈妈和她的孩子。

孩子想从妈妈身边跑开去和对面的孩子玩一玩，这位妈妈却总是不放心，要拉他回到自己身边。

在课程和沙龙中，我们经常会问家长们：

"你懂你的孩子吗？你懂孩子的需要吗？"

家长们大都茫然。

能回答的，也是犹疑的："似乎是不太清楚。是呀，好像是真的不了解自己的孩子！"

有一次，一位家长分享了一句耐人寻味的话："孩子逆反、对着干不是问题，真正的问题是我根本不清楚、不理解孩子逆反、抗拒背后的原因是什么。"

是的！所有的原因都是因为我们不懂自己，不懂孩子！

不清楚、不理解是因为不懂对方。不懂对方，就无法进行沟通，无法建立良好的关系，爱就无法在彼此之间流动，更无法彼此支持、滋养和成就。

家庭教育的四大痛点

培养孩子本来是快乐、幸福之事,为什么现在的家长觉得这么难,有这么多的困惑?吹糠见米,研究发现,今天家庭教育的现状有四大痛点,分别是:

家庭成员之间缺少基本的精神互动

家庭教育中我们不能忽略的一个核心是精神互动。中国香港的一份调查显示,大部分家长每天和孩子沟通时间不足7分钟。短短7分钟能做什么?什么也做不了。

在孩子的生命里,父母首先扮演的角色是物质的供养者,孩子作为一个生命有机体,需要吃、喝、保暖等物质条件的供应才能活下来,并逐渐发育成一个成年人。就像生命有机体需要物质供养一样,孩子的精神人格同样需要适当的养分才能发育成长。

亚里士多德曾说:"人刚出生不能称之为完整意义的人,经过二十几年的教化过程，孩子逐渐变成了真正的人。"这句话提醒我们，把孩子变成真正的人，需要按照人成长的过程不断进行教化。

意大利教育家蒙台梭利博士说："人作为一个精神的存在，要借由肉体把自己表达出来。"而印度狼孩的发现，让我们更明确，人在出生时，作为"精神的人"还只是一粒种子，如果给他"人"的养分，他就可能成长为人，给其"狼"的习性熏陶，就可能成长为狼。

常识和经验都告诉我们，任何人其实都是两个人："肉体的人"和"精神的人"。

决定一个人行为、成果、成就的是"精神的人"。

一个孩子积极上进、学习自觉、体谅父母、帮助同学、协助老师等良好行为表现取决于他的"精神的人"，而与"肉体的人"几乎没有关系。

同样，一个孩子好吃懒做、无心学习、桀骜不驯、与人冲突、自私自利等行为表现，也是由"精神的人"决定的。

一个人是好是坏，是高尚还是卑下，是伟大杰出还是平庸无为，是才华横溢还是愚笨迟钝，都主要取决于他"精神的人"的发育状况而与他"肉体的人"基本无关。

因此，作为家长，要使孩子成长为杰出的人，教育孩子的重点是培育孩子的"精神的人"。给孩子"精神的人"提供丰富的养分。我们把精神的养分供应看作是"精神供氧"，意思指给"精神的人"提供氧气。要使孩子的"精神的人"健康发育成长，在孩子生命之初，要有精神供氧者。

孩子的精神供氧者，大多数情况下是妈妈，少数情况下是爸爸，极特殊情况下是其他人。

孩子刚刚来到这个世界，持续给孩子精神供氧，孩子"精神的人"才能发芽、发育并健康成长。在孩子最初的生命里，至少有一个成年人，无条件地接纳他，爱他，用欣赏的方式关注他，鼓励他，用欣赏的语言嘉许他，花大量的时间陪伴他，给孩子输入精神的养分。有人陪伴，会消除孩子与生俱来的恐惧。感到自己是安全的、是被爱与接纳的，孩子找到了"自我价值"，生命会由封闭状态向外扩张，就像小鸡冲破了蛋壳，种子破土生长，孩子开始探究周围的世界——学习与了解物质世界的规律和知识；由于被鼓励和欣赏，他不再害怕"人"——孩子还会产生与人交往的欲望，进而了解社会、积累社会知识和经验。

幸福脚步

天下没有不爱孩子的父母，只有不知道如何智慧有效地爱孩子的父母。父母时常会陷在自己的情绪当中，顾及不到孩子的需要和感受。父母想爱但没有能力爱，每个人成长的过程中都会有意无意留下心灵的伤痕。此刻我的感受是？今天我要感恩的是？今天我要向内看，向外突破的是？

如果在孩子的生命初期，没有精神供氧者或供氧不足甚至供给有害成分（打骂或恐吓），孩子的"精神的人"的发育成长就会受到影响，致使孩子的外在行为出现偏差。

美国心理学家在孤儿院中发现那些没有父母爱的孩子，尽管物质生活一点也不差，甚至要好于家庭生活困难但有父母的孩子，可是他们明显存在行为的偏差：注意力不集中，无法正常与人互动，无法学习知识，情绪低落，易与人冲突，不守规则，等等。当心理学家招募女大学生志愿者，每周定期到孤儿院给这些没有人爱的孩子洗脸、梳头、拥抱和亲吻，坚持了一段时间后，这些孩子的行为偏差明显得到矫正。

孩子在学校表现出多动的倾向，频繁地在不同的事情上转换注意力，上课不能集中注意力听讲，不停和同学讲话或者做各种各样的小动作；正规场合让他回答问题时，他唯唯诺诺不敢讲话，而私下里却胡作非为，调皮捣蛋；对自己和别人缺乏尊重，没有自律能力，不适应学校有组织的生活等行为表现。这些并不是他的神经系统出了什么问题，实际上是他内心世界的外化。这些行为背后的真实原因是他没有被接纳、被关爱、被关注、被认可、被欣赏、被鼓励，由于缺乏接纳、关爱、关注、认可、欣赏、鼓励等"精神营养"而导致他的"精神的人"营养不良。

精神营养不良的后果是孩子的"自我价值"严重缺乏，导致孩子外表虽然长的与人一样，但他的精神世界里的人，没有发育或发育畸形，他没有"健全人"的方式行为。要把孩子培养成为杰出的人，我们认为家长最重要的角色是孩子的精神供氧者。在与孩子一起生活的过程中，通过接纳、关爱、认可、关注、欣赏、鼓励等方式给孩子输入精神养分，使孩子的"精神的人"健康成长。

错误的因果标签

在一次课程中，我问家长："你最不能接受的孩子的行为是什么？"

现场的家长给出了令人哭笑不得回答：有的人说我们家孩子胆子太小，有的人说孩子胆子太大，有的人说孩子拖延、撒谎、叛逆、不自信、废话太多、不爱学习，等等。

其实，这些家长所有的回答并不是孩子的行为，而是针对孩子的行为所贴的标签。针对这个"果"做文章是没有任何结果的。首先要明白"因"在哪里？否则历史还会重演。

一个孩子之所以会"撒谎"，这个"果"，真正的"原因"是什么呢？追求快乐逃避痛苦是人的本能，当孩子感觉到说真话，换来的结果是轻则被骂，重则被打，撒谎就是最好的逃避责任方式。孩子不够缜密的逻辑思维很容易被家长识破，家长会给孩子一个定义"撒谎"，撒谎是个"果"。"因"是家长想看到怎样对待孩子的行为表现才能让孩子下一次不再逃避、撒谎。家长是因，孩子是果。作家张晓风有一个很有意思的比喻：那个名叫"失败"的妈妈，其实不一定生得出名叫"成功"的孩子，除非她能先找到那位名叫"反省"的爸爸，这个反省就是"向内看"。

"向内看"是一种生活的主宰权真正掌握在自己手上的思维方式——改变不了对方，就改变自己。当自己改变了，或许你会发现，对方根本不需要改变，要改变的可能只是我们看对方的角度和眼光。我是一切的根源，爱是所有的结局。

无效的对错思维模式

在"结果"上解决问题是无效的,就像生活中常说的"对事不对人"。"对事不对人"是家庭教育解决之道吗?孩子同样的问题会被克隆到其他事情中,这就是我们日常生活中经常说的"翻版"。这些貌似不相干的问题,往往因为事件的不同或时间的不同而显得相互独立,让家长很容易就忽略其内在的联系。

是什么制造了家庭问题现象之间的高度相似?原因很多,真相就一个:人,谁都不愿意被证明"我是错的"。当证明"我是错的"的时候,很容易产生对立,有了对立就容易产生冲突,有了冲突解决不了就认为对方有问题,有问题就一定要解决,解决问题时又产生了新的问题和对错,最后进入了家庭教育中的无解模式(如下图)。

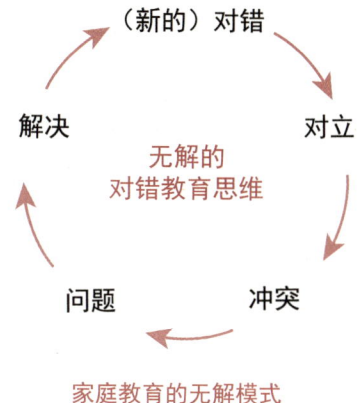

家庭教育的无解模式

历史会不断重演。

家庭教育的本质：提升人的幸福感。对错容易使彼此之间产生不信任，产生受害、委屈的心理。因此，也可以这样说，很多家长和孩子在"无效的对错思维"中成了受害者。

爱的动力不足

教育的前提是满足孩子的安全感，提升孩子的自尊心，因为人所有的不足和缺点都包含在自尊心里面。当我们说对错的时候，很容易引发冲突和对立，孩子就会把他的自尊心化为一把锋利的剑跟你对着干，来维护他幼小的自尊心。父母之间最大的差别就是接受还是不接受孩子的不足和缺点。你不接受孩子的不足，就容易进入对错模式，产生情绪化，面对孩子的问题小心翼翼，不愿触碰，内心无力，沟通无效，动力不足。一旦接受孩子的不足，爱开始流动，孩子的动力就会得到提升。

我们总是自以为是的认为，我们这么爱孩子，为孩子付出这么多，为

幸福脚步

在生活中如何提升我的安全感，我是否会用"你是个笨人、没用的人"责怪自己，自责给我的生活带来了哪些影响？我的感受是？此刻我的感受是？今天我要感恩的是？今天我要向内看，向外突破的是？

什么孩子会叛逆,不理解家长?其实是家长站在自己的角度看问题。就像天上的月亮,有时我们看到的是月牙,有时看到的是弯月,有时看到的是满月,其实这都是表象。月亮什么时候都是圆的,只是通常情况下我们看到的是月亮反射出的一部分。

幸福脚步

　　父母也有爱的误区,父母对孩子有许多的期待和要求,同时也给孩子很多的压力、负担和伤害。也许期待的背后也隐藏了一个害怕不被爱,害怕被伤害的小孩。此刻我的感受是?今天我要感恩的是?今天我要向内看,向外突破的是?

生活中大多数情况下我们看到的都是表象,很难轻易看到事情的真相。我们很容易站在自己的立场和角度,去评判周围的人、事、物。这也是致命的痛点。

影响孩子的三个因素

帮助孩子在非独立期丰富他的人生体验，不断使他超越自己，完善自己。在这个过程中有三种力量影响着孩子，他们分别是——父母、朋友、老师。

今天的大多数父母，在教育孩子的过程中迷路了。迷路的人是不可能做好向导的，父母必须走好自己的人生路，过好自己的生活，让自己活明白，才能做孩子的榜样，并影响孩子。父母不学习、不成长就不能很好地引领孩子成长。孩子就像漂在湖面上的浮萍，下面有三根气根扎根在泥土里。这三根气根就是孩子健康快乐成长的支持系统。我想通过两个故事来阐述这三个因素对孩子的影响。

故事一："四把刀"的伤害

有一位校长，在校园里巡视时看到一名男生正想用砖头砸另外一个同学。校长及时制止，要求这个男生去自己的办公室。男生很忐忑，来到校长办公室。校长问他原因，他说，因为另一个男生欺负女同学。校长听到这里拍桌子大声地训斥说："那你就敢拿砖头砸同学，谁给你这么大的胆子？暴力能解决问题吗？太过分了。老师是这么教你的吗？家长就是这样教你的吗？这是什么品质？"孩子内心被深深地戳了一把"刀"。

校长打电话叫来了班主任老师。班主任老师来了后被校长狠狠地批评了一顿，班主任老师内心也非常窝火，指着孩子说："你是怎么搞的，班里好事没有你，坏事都和你有关系。叫你爸妈来，否则就别上课了。"孩子的心上被戳了第二把"刀"。

家长来到学校，一边给校长、班主任老师道歉，一边数落孩子，孩子好几次张嘴要解释，都被父母的批评压了下去，父母还伤心地说："我们这么辛苦，每天从早到晚忙不停，就希望你听老师的话，好好学习。你却惹出这么大的事情来，你要干什么，你太让我们失望了。"孩子的心头又戳了第三把"刀"。

班主任老师要求该男生在全班同学面前作检讨。孩子最终站在全班同学面前委屈地作了检讨，那一刻心头被戳了第四把"刀"。

失去了自尊之后，孩子上学更加沉默了，不愿与同学交流。放学后在校门口晃悠，如此这般大概一个多月后，终于被外面的不良青年盯上了，上前询问："小兄弟，我看你也晃了很多天了，谁欺负你了？兄弟们帮你出气。"男孩心中很感激，很快和他们厮混在一起。

有一天，不良青年告诉他没钱花了，让他回家拿钱，他说："我爸知道要打我的。"对方恶狠狠地说："你怕你爸打你，你就不怕我把你让我们打你同学的事情告诉学校和家长吗？"

孩子顿时傻眼了……

故事中的孩子，就像一个浮萍，下面连着三根气根，分别代表着父母、朋友、老师，而故事中的处理模式，每一个"爱"的连结都让这个孩子的内心受到了伤害，幼小的心灵上戳了四把刀，他爱的连结断了，人像浮萍一样随波逐流。所以，哪怕别人再怎么样对待你的孩子，作为父母，都不能切断与孩子爱的连结。

故事二：四颗糖的力量

同样的情节，发生在不同的校长眼前，结果却有很大的不同。

陶行知先生做校长时，一天在校园里看到一名男生正想用砖头砸另外一个同学。陶行知及时制止了，也让这个学生去他的办公室。

在外面了解一番情况后，陶行知回到办公室，发现那名男生正在等他，便掏出第一颗糖递给他："这是奖励你的，因为你很准时，比我先到了。"接着又掏出第二颗糖："这也是奖励你的，我不让你打人，你立刻就住手，说明你很尊重我。"该男生将信将疑地接过糖。

陶行知先生又掏出第三颗："据了解，你打同学是因为他欺负女生，说明你有正义感。"

这时这名男生已经开始哭了："校长，我错了。不管怎么说，我用砖头打人是不对的。"

陶行知先生这时掏出第四颗糖："你已经认错，我们的谈话也结束了。"

陶行知先生以出其不意的爱的教育方式，轻而易举地打开了学生的心扉，化解了学生内心的纠结，拓宽了孩子的心胸格局，圆满达到了教育的目的。孩子与学校的连结会更有力量。传递给孩子的是爱，才能让他对生活、对学习、对人生有更加坚定的方向。我们要做的就是把这份爱传递给孩子，改变孩子人生的轨道。

幸福家庭规画模型

幸福规画的核心点是规画孩子的幸福。

我们生活中常常看到的是"规划"一词，感觉"规画"的"画"是个错字。其实笔者认为，"规划"是针对事情的（如下图），而"规画"是关注人的内在。

幸福脚步

假如我要成为我想成为的人，我最需要做哪些决定来用一生的行动完成？此刻我的感受是？今天我要感恩的是？今天我要向内看，向外突破的是？

目标 → 行为 → 成果　　改变目标

生活中常见的"规划"模式

序篇　让爱回家——幸福可以来规画

在生活中，我们经常会制定目标，确定要达成的成果，并设定好行动计划。然而很多时候是我们设定好了目标，成果却没有达成，我们会找很多外在理由，改变目标。改变的不是心态和行为，是我们直接放弃了目标。这不就是我们生活中常说的"常立志，立长志"吗？而"规画"就是在目标明确却没有达成成果的状态下，我们并不改变目标，而是调整行为背后的心态，去不断地发现自己："我发生了什么？我引发了什么……"生命不是向外求，而是向里走。从而更好地做自我穿越，从成长走向成熟直到成功（如下图）。

本书所论述的"规画"模式

《大学》早就说明了规画的路径，叫"格物、致知、诚意、正心；修身、齐家、治国、平天下。"要想实现"修身、齐家、治国、平天下"的宏伟蓝图，就要走上"格物、致知、诚意和正心"的成长之路。这条成长之路的真相就是我和自己以及身边人的关系，和这个世界的关系。当我们在明确关系就是真相的过程中，不断地去体验我们"行不通"的背后是什么关系真相，那么我们的能量状态就会改变，一切经由这些觉察而发生变化从而实现我们的目标和价值。这就是规画。

"格物"就是区分，比如中药铺里的格子，每个格子里有不同的中药材。区分就是让我们看到我们是否活在演绎和假设里，从而偏离了我们的立场和状态。规画的过程其实就是一个不断区分的过程。区分的过程，是从表象进入真相、从事情看到人心、从呈现看到内心的体验，是从外在看到内心、从偏差回到正轨的过程。所以我们的家长和孩子首先要明确的就是区分。例如：

外求无价值，生命向里走；

作为家长你引发孩子的不是要跳跃，而是穿越；

事前叫负责任，事后叫承担责任；

我们很容易看见我们所失去的，却不愿意看到我们所拥有的；

承诺是为了创造可能性；

负责任是为了有高标准、要求和价值；

我们没有问题，只有"行不通"的地方；

你做事的"出心"是为了"赢"还是"不败"？

"致知"就是知道我们的方向，明确我们的立场。方向是有效的，做到了就拥有。

序篇　让爱回家——幸福可以来规画

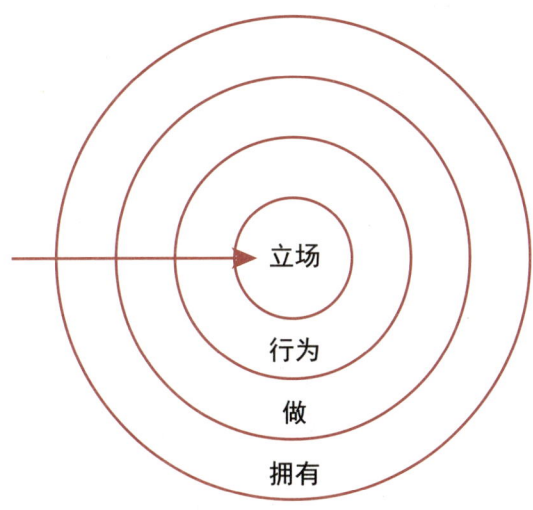

"立场吸引力"示意图

你的立场就是你的方向（如上图），你的"范畴"。范畴决定内容及要求。我发现很多家长自己本身就是没有什么立场的，如何能引发自己的孩子？坚持什么立场？

"诚意"就是内心发出积极正面的念头，体验"吸引力法则"。孩子不是讲道理而成长的，而是"信"出来的。很多家长的"信"只是概念而已，内心的立场未必坚定，有些家长是体验并穿越过来的，这就是诚意。

"正心"就是维护整体利益。具体来说，在孩子面前中立地表达，叫小人破场，君子捧场。以欣赏和挑战为方向。

所以规画就是通过人的成长规律来实现心中的画面的过程。在实现这个过程中去感受幸福。规画的目的不是"不败",而是要"赢"。赢的标准是:学习、体验和拿到成果(如下图)。

幸福规画落地系统"赢"的三个标准

幸福是以爱作为底色,任何事情的"出心"都是基于爱。所以我们规画爱,践行爱,享受爱,分享爱。

每一个做父母的,都期望孩子活出热情、感恩、负责任的状态,尽可能地帮助孩子去触碰生命中最有活力的部分,从而肯定自己生命的力量,最后成为他们可能成为的最好的自己。而我们教育工作者的心愿又何尝不是如此?

那么,我们从哪几个维度来思考呢?

第一个维度是思维层面;

第二个维度是心态层面;

第三个维度是行为层面。

序篇　让爱回家——幸福可以来规画

这三个层面构成了我们幸福家庭规画的三大系统（如下图）。

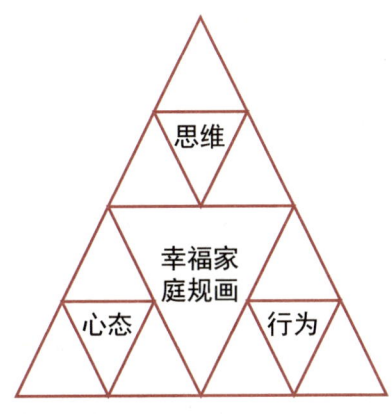

幸福家庭规画落地三大系统图

思维系统

孩子的思维系统成熟重要不重要？非常重要。因为从人体结构分析来说，这属于大脑部分。大脑决定生命质量。

我们发现，孩子入学刚开始时非常投入，但往往过了两个月后，发生变化了，看上去对学习不那么投入了，学习不在状态了。为什么？因为目标不清晰。

所以，思维系统的三个关键词分别是愿景、目标和策略。

让爱回家 幸福可以来"规画"

  一个孩子的学习成绩好不好，跟他的学习动力有很大关系。我们做幸福家庭规画，有一个很切身的感受，大多数的孩子经过"新鲜期"后，学习的动力不足。愿景就是解决孩子的学习动力问题的。为什么有些孩子学习有动力，干什么事都很热情，非常愿意投入和付出？因为他们的愿景非常清楚。无论孩子还是成人，愿景不清楚、目标不清晰，热情是没法出来的。

  人们常说，没有能力走不动，没有动力走不远。要解决动力问题，首先要解决的是愿景与目标的问题，也就是"我是谁，我要成为一个什么样的人？"纵观历史，毛泽东少年立志走出湖南山村，周恩来从小立志为中华崛起而读书，这些伟人之所以伟大，是因为他们的思维系统中，愿景和目标十分清楚。所以幸福家庭规画，设定愿景是重中之重的第一步。如果没有愿景就没法活出真正自我的价值。

  人与人能力的差别跟他的思维方式有关，我们只要规画好爱的思维，给孩子种入积极正面的爱的种子，它将来就能生根发芽。对于家长来说，也要进行思维层面的转变，即从传统型家长向规画教练型家长转变，"我不只是家长，更是自我成长者和爱的传播流动者、爱的使者"。

心态系统

  愿景和目标清楚了，如何实现自己要成为的那个人呢？最为重要的是心态，因为人的能力原本就由两部分构成：一部分是知识技能，另一部分是心态和素质。知识技能我们可以从书本上学，到学校学，跟老师学；而心态素质这部分，通常都被人们忽略掉了，或是人们从来没意识到它的重要性，因而并未得到过系统的训练。因此，光学技能而不提高心态素质是"瘸腿"走路，不能有效地提升一个人的执行力，也不能改善他的整体表现。

幸福脚步

回到生命里、真正做自己，感受内在的力量，感受和自己在一起的感受，感受内心的和谐与宁静，活出爱，活出自由，体验生命中的正能量。此刻我的感受是？今天我要感恩的是？今天我要向内看，向外突破的是？

1990年，美国管理学大师彼德·圣吉出版著作《第五项修炼》，提出了"学习型组织"的概念。当时正赶上美国经济不景气，很多企业管理者认为创办"学习型组织"是救命稻草，于是在企业里面大力推行"培训"和"学习"。结果，一些企业实践了几年下来发现没有效益产生，就来找彼德·圣吉理论说："你的'学习型组织'培训，没有效果。"

然而，彼德·圣吉调查发现，这些企业进行的所谓"学习型组织"的培训，只不过是学一些专业理论和技巧，而根本没有帮助员工在内在心智模式和心态信念上有所改变。因此，工作态度没有改变，执行力当然不会提升，技能也没能有效地发挥出来。家庭亦是如此。

我们想要达到目标、取得成功，往往都会在行动上调整，而不留意心态的改善。事实上，从心态出发才能解决根本问题。因为，心态决定行为，心态没有改变，一切行为的改变都是无源之水。

心态决定行为和结果，心态决定一切。在幸福规画体系中，我们的定义是，所有的心态都是以目标为导向而做自我调整的。这就引出了我们要特别关注和理解的三个新关键词——觉察力、心动力和迁善力。

觉察是改变的开始，是自我成长的开始。

在幸福规画体系中，我们常说"接纳、面对、放下，然后才能转身"，其背后含义是接纳、欣赏，是觉察的开始。

迁善是迁善信念和心态。信念决定态度，态度决定行为。教练从改变信念入手，帮助被教练者从另外的角度看问题，在信念上有所迁善，心态因此而发生变化，行为也就有所不同，可以创造出令人惊喜的成果。

行为系统

心态决定行为，行为决定成果。行为体系中我们的三个关键词分别是

幸福脚步

我是如何理解人只有特质，没有缺点；只有不同，没有不好？在日常生活中，我是如何做的？我的下一步是？此刻我的感受是？今天我要感恩的是？今天我要向内看，向外突破的是？

传播思想、智慧沟通和教练行为。

我们有一位学员家长说，她喜欢幸福规画体系，愿意传播这套幸福规画思想。因为，在讲的过程中，会学得更多，很多学习过程中遇到的问题和困惑，在讲的过程中却突然讲通了。传播思想，传播如何教育孩子，如何爱孩子的理念，收获最大的还是自己。她发现给孩子思想比其他奖励更重要。

要掌握智慧沟通，首要区分什么是知识，什么是智慧。知识是在头脑中的，智慧是面对问题时当下的反应。智慧沟通就是如何做到通情达理。内心的情感通了，再讲道理的时候就好接受了。我们的那颗心就代表我们的情绪、感觉。内心正能量，我们的行为也是正能量，家长教育孩子之所以痛苦无力，跟沟通质量不佳必然息息相关。

教练行为是什么？它指的是要随时激发身边人的心态，调整身边人的状态，为什么呢？因为生活中只有两种人，一种是以成果、目标为导向的人，另一种是情绪化的人，舒服就干，不舒服就不干，凡事都是三分钟热情，三天打鱼两天晒网。这样的人，能力不足吗？不是的。相反，他们往往是能力强大的一群人，但他们缺乏心态方面的调整。所以，通过教练行为传播幸福规画的思想，真正帮助对方改善心态，以积极的心态迎向生活，善莫大焉。

总结起来，幸福家庭规画系统=思维系统+心态系统+行为系统。它的严谨逻辑，有如我们人体的脑、心、身（如下图）。

让爱回家 幸福可以来"规画"

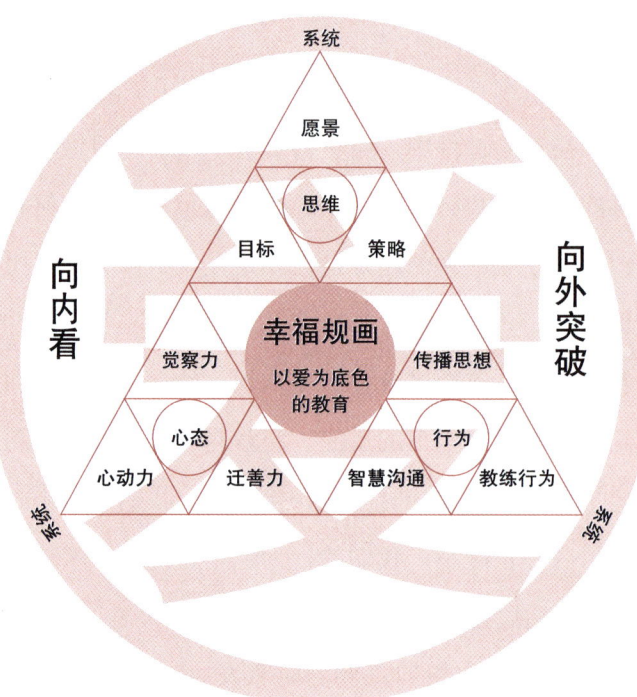

幸福家庭规画落地系统模型图

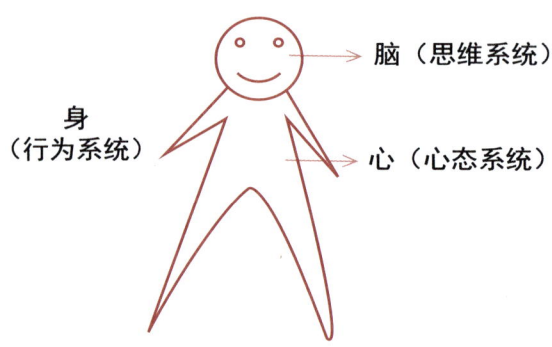

脑、身、心与幸福家庭规画落地三大系统对应图

教育路漫漫，开启智慧，是我们毕生的追求。从2006年开始做幸福规画，接触了近2000个家庭，这些家庭带给我很多反思。很早以前做过规画的孩子的妈妈发短信说："连老师，现在孩子在美国准备读博士了。"我说太好了，接着问她孩子什么时候去的美国。她说孩子通过规画后，从原来的性情暴躁、叛逆，到后来的觉察明确自己的目标，通过自己的努力进入厦门大学，厦门大学毕业后，主动提出要出国留学，到目前为止他在美国靠全额奖学金学习。孩子学习成绩优异，学习也很刻苦。听了以后我内心很震撼，规画对孩子，对一个家庭产生如此大的变化，让我更加坚信每一个孩子，都拥有让自己成功、幸福的所有资源。

让我们开始幸福规画之旅吧！

Chapter 1

第 *1* 章

一个核心：爱

第1章 一个核心：爱

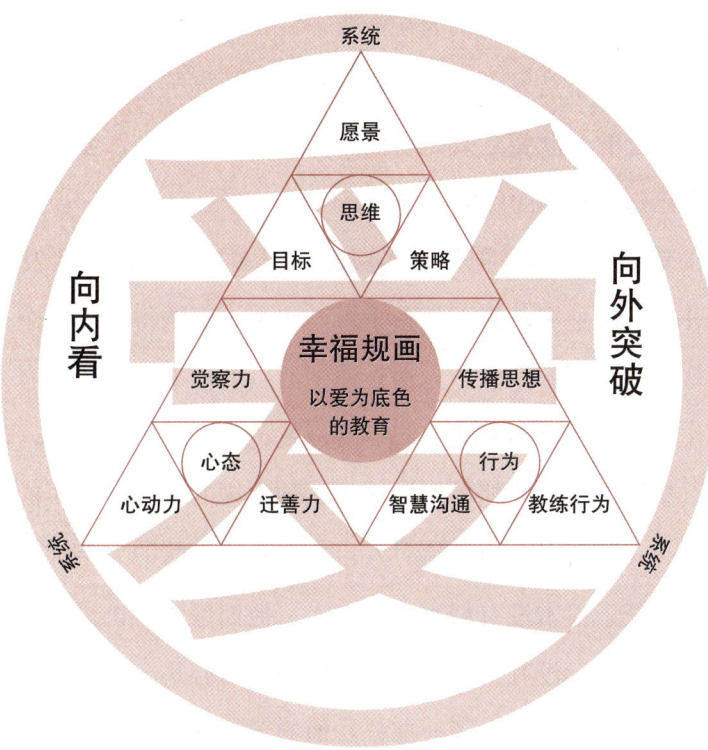

幸福家庭规画落地系统模型图

爱是什么？每个人的回答不同。爱是我们发自内心的，固有的本性。爱是很难定义的。爱是一种内心的体验，爱是一种自由选择，爱也是行动，是一种基于自愿的行动（如上图）。

人们经常误解爱。第一种误解是把爱自己当成是爱别人。当家长对孩子说："我很关心你，你却不听我讲话。"家长自认为对孩子很关心，其实是在责备孩子。他们一直认为在爱孩子，其实是在爱自己，爱自己的想法和观念。其实这不是爱，这是喜欢，喜欢就是你符合我的标准我就喜欢你，是关于自己的。欣赏之爱是将注意力放在对方身上，爱对方的优点，而不是爱自己延伸出来的优点。

对爱的第二种误解是把依赖当成爱。很多家长学习后才发现，不是孩子离不开家长而是家长离不开孩子。当一个人不能得到另一个人的照顾和关心，就认为自己不完整，无法正常生活，就构成了依赖。有人因为爱人忙于工作，没有足够的时间一起生活，就说："我不要活了，没有他活着还有什么意思。我太爱他了。"这是一种消极的依赖。真正的爱是一种自由的选择——给自己自由，给对方自由。消极依赖的人整天忙着寻求别人爱他们，以至于根本没有精力去爱别人。他们像一群饥饿的人，只会跟别人索取食物，自己没有一点点付出。他们的内心是个无底洞，永远填不满，没法满足，永远感觉少了一部分。他们无法忍受寂寞，更没有自我认知，唯有靠与别人的人际关系来界定自我。消极依赖的人就像个吸血鬼，不断地吸食别人的爱。

人们将喜欢和爱混为一谈。父母不喜欢孩子的某些习惯，严厉要求孩子改掉，但是有些孩子却据此认为父母不爱他，这实在是对爱的误解，父母只是不喜欢孩子的行为，并不是不爱他。

爱的理由就一个，就是"爱"。喜欢的理由却会有很多而且各不相同。爱一个人是爱他的整体，喜欢一个人是喜欢他的局部；爱的唯一标准就是给对方带来美好幸福，爱的焦点在对方，在孩子身上；喜欢会有好多标准，喜欢是喜欢自己的感觉，焦点在我的内心感受。

记住，爱不是占有，不是交换，不是依赖。

曾经有学员分享说："今天是孩子的生日，说好早上写完作业，中午一起出去买生日蛋糕和食物，晚上与家人一起快乐地过生日。孩子很兴奋，不断地询问什么时候出去买东西。我告诉他早上一定要把作业写完。孩子一脸失望，很不情愿地坐在那里，两个小时过去了只写了两个字。当时我很生气地把孩子狠狠数落了一顿，'你要过生日吗？就你这样两个小时写两个字，你等着吧！我看你根本就不想过。'孩子听后又哭又闹，我快疯了。为什么会这样？"我笑着说："人比事更重要。"

幸福家庭规画落地系统中，爱是什么？这一个"爱"字，我们要从以下三个方面来看（如下图）。

幸福脚步

我是如何理解爱的？爱和喜欢有什么不同？此刻我的感受是？今天我要感恩的是？今天我要向内看，向外突破的是？

让爱回家 幸福可以来"规画"

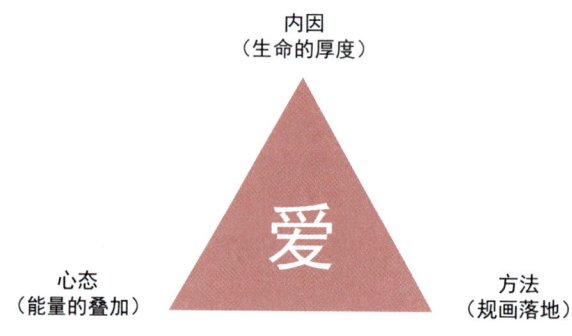

爱的三个方面

爱的内因：提升彼此生命的厚度

我相信所有家长都会全力以赴爱孩子，但爱孩子最终是想达到什么结果呢？很多家长却一脸迷茫。在这里，我要告诉大家的是，爱的内因是家长引领孩子提升彼此生命的厚度。

众人皆知的马斯洛需求层次论，五种需要像阶梯一样从低到高，按层次逐级递升（如下图）。

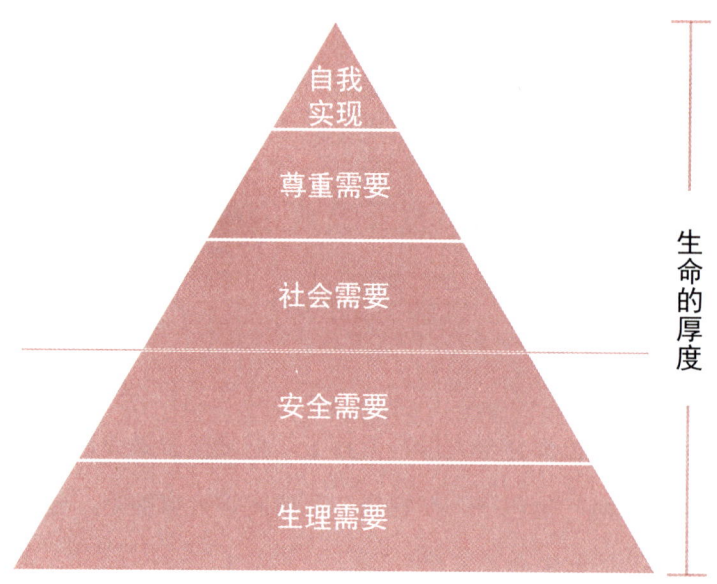

马斯洛需求层次图

为人父母后才发现在孩子的教养过程中，我们又重新活了一遍。我们总是期待孩子的人生比我们过得更好。我们爱孩子就是要提升彼此生命的厚度。

生理需要：基本的生存需求，如吃饱穿暖等。

安全需要：每个人都有追求安全的机制，愿意追求快乐逃避痛苦。一个孩子在学校被人欺负，受到老师不公平的对待，会开始变得不相信这个社会，变得不敢表现自己、不敢拥有社交生活，因为他认为这个社会是危险的，而借逃避保护自己的安全。

第1章 一个核心：爱

在幸福家庭规画落地体系中连亮老师关于"爱"的深度解析。

社会需要：每个孩子和成人都有情感和归属的需要，都在生活中寻找自己的位置，这个层面已经进入到人际关系的社会需求。因为没有感受到身边人的关怀，而认为自己活在这个世界上没有价值，是缺乏社会需求的表现。例如，一个没有受到父母关怀的青少年，认为自己在家庭中没有价值，他在社会中交朋友是没有立场的。有的孩子为了让自己融入到社交圈中，为别人做牛做马，甚至充当帮凶等。

尊重需要：一个孩子的内心得到尊重的满足，这能使他对自己充满信心，对社会满腔热情，体验到自己活着的价值。反之，孩子会变得很爱面子，或者很积极地用行动让别人认同自己，也很容易被虚荣所吸引，或者用暴力来证明自己的强悍。

自我实现：这是每个人更高层面的需要，实现自己的理想抱负，发挥个人的能力达到最大限度。

引出爱的教育前提：爱孩子的前提就是满足孩子的安全感，提升孩子的自尊心，因为所有的不足和缺点都包含在自尊心里面。

爱的心态：能量叠加

爱的心态是能量叠加。然而能量也有正负之分，正能量与负能量是相互作用且可以相互抵消的，家庭教育，家长再大的恩情，也抵不住对孩子的伤害。

我们来看另一个真实案例。

小毛成长规画——爱的能量叠加

2011年我见到了上小学四年级的男孩小毛，小毛的父亲和母亲都是单位里业务拔尖的中高层管理者。他们告诉我孩子的基本情况：在班里学习中等，最想解决的是孩子的习惯问题。比如：坐姿弯腰驼背；走路姿势显得很踉跄；穿衣服有时秋裤和内裤都会露出来；别人碰了他，他会搞怪躺在地上，同学经常会跟他恶作剧。记得冬天扫雪，鞋子、袜子都湿了，他会把袜子脱下来在空中甩来甩去，最后甩在暖气片上。同学们都受不了他，笑话他，他只要说话、走路、上讲台大家就开始哄笑，他也跟着一起哄笑并不自知。家长困惑的是连"小饭桌"的低年级小朋友也跟他搞恶作剧，他的父母很无奈。老师建议做一下咨询，看孩子到底怎么了。小毛的家长很担心孩子的未来，希望我们给他的家庭以及孩子做一个成长规画。我们看到孩子在班里面已经给大家建立了负面的能量叠加，一想到小毛就等于搞笑、邋遢。就好像有个小朋友拿了别人的东西，大家说他是小偷，那么只要班里丢了东西，大家的第一反应就是他。这就是负面能量叠加。我们要打破一想到小毛就等于搞笑、邋遢的负面链接。

打破负面的能量叠加首先需要我们重新明确孩子的立场和身份。

我问他："你想成为一个什么样的人？"

他回答说："我想成为班长那样的人。"

我追问："那你喜欢班长的哪些优点？能列出来吗？"

小毛想了想，很快就罗列出了20个班长的优点，同时咧着嘴笑了。

我们接着说："如果要从中选出你最想要的三个优点，你会选哪三个？"

小毛选了三个班长的优点，分别是——负责任、有魅力、敢担当（其实孩子心里是很有数的）。

我们重复了一遍:"你是要成为一个负责任、有魅力、敢担当的男孩,你确定吗?"

他很认真地点头。

"那班长的负责任、有魅力、敢担当体现在什么地方?他是怎么做的?"我问。

"班长每天站在台上组织读书,管纪律很认真,大家都很服他。"小毛说。

我追问:"你的意思是班长的表达能力很强,是吗?他管理大家态度也很坚定?"

"是的。"

"那你愿不愿意提升你的管理能力和表达能力?"我问。

小毛说:"愿意。"

我们明确了管理能力首先是自我管理的能力,从走路、坐姿和穿衣这方面开始,他现场就整理好了自己的衣服,把提到腰部以上的裤子轻轻放下来并理顺。我询问他的感受时,他感觉这样挺精神的。

其次,明确表达能力就是演讲的能力,就是一切能力的总和。小毛每天要接受演讲表达训练。我们现场确定了一个学期之后的目标画面及行动计划,并依据文字内容拍下了他未来改变之后的愿景画面。

让爱回家 幸福可以来"规画"

我们通过规画的仪式，并真诚表达："从今天起，你就是一个负责任、有魅力、敢担当的男孩。每天自我总结是否做到了这三个优点！"

机会是我们和家长共同创造的，当孩子通过演讲训练后，吐字清晰，语速适中，我们联系了语文老师询问有没有口语表达的机会，语文老师明确了有一场爱国主义演讲比赛。我们很期待，因为爱的能量叠加的机会来了。

到现在，小毛演讲的视频还在我的电脑里存着。那天我们跟着去了学校，六个报名演讲的同学中，只有他和班长是脱稿的。他上场时很郑重地踏着步子站在了教室的前面。这可能比较滑稽，班里的同学哈哈笑了起来，他也捂了一下嘴忍住不笑，然后开始了。那一刻我知道他的身份起作用了。他一张嘴就唱了起来："我们的祖国是花园……"，这时全班都哄笑起来。

在哄笑声中，小毛镇定自若："是啊，我们的祖国曾经遭受了无数的磨难，从1840年鸦片战争……"随着孩子认真地演讲，台下由哄笑变成了安静，最后又从安静变成了掌声。当小毛鞠躬下台时，他在班里的负面叠加状态就已经改变了。当老师点评并表扬小毛时，爱的能量再一次叠加。我想孩子们课下所探讨的都是小毛的演讲带给他们的震撼吧。

正是因为孩子的这一份自我穿越，让他内在的价值发生了变化。

我们家长是做什么的？不是当老师，而是给孩子提供一个爱的能量叠加的平台的人。在这个平台里不断地支持孩子实现爱的能量叠加。教育孩子绝不仅仅是家长一个人的事，但我们可以搭建平台让更多的资源为孩子所用。

两个月后的一天，孩子的妈妈进行了幻灯片总结，她激动地说："连老师，小毛的身份实现了。"

怎么实现的呢？原来前一天大雪，学校组织孩子扫雪时，几个男同学看到一名女生戴着酷似小白兔的耳护，很可爱。于是男同学搞怪地将女生的耳护摘了下来，闹得女生快哭了，然而这群男同学好像还未尽兴，还将耳护扔来扔去。巧的是，刚好扔到小毛这边了。小毛没有将耳护扔向其他人，而是主动走到女生面前，亲手交给了女生。

女生很感谢地说了声"谢谢"——这叫什么？这叫敢担当、负责任。

小毛坏了男生们的好事，他们一群人不高兴地冲上来，想教训小毛，却被一群女生挡住了。——这叫什么？这叫有魅力！

当一个人的身份定下来后，通过做到不断去印证他的身份，他的人生都会发生很大的变化。所以说，爱的心态就是能量叠加。

让爱回家 幸福可以来"规画"

在一起参加连亮、姜萍老师的课程后，团队的小伙伴收获满满，他们幸福地相拥在一起。

第1章 一个核心：爱

我本人因为经常在全国各地讲课，对自己的孩子照顾不周，总觉得愧对孩子。我在想：我怎么表达我对孩子的爱呢？我恳请我的学员，在我的一个本子上留言，通过他们的话语，来表达我对孩子的爱。

每次出差回到家，我都会给孩子读留言：

"亲爱的宝贝，感谢你的爸爸带给我们各种智慧的分享，听说你很乖，叔叔阿姨很想见到你，期待你能到我们这儿来玩……"

孩子听我一篇篇地读，他内心非常震撼。他每次都很兴奋地说："啊呀，这么多叔叔阿姨都知道我呀。"

我就是用这种方法给孩子做能量叠加，让孩子感受到有很多人关注他，从而使他的自尊心得到极大提升。爱的前提，就是满足孩子的安全感，提升孩子的自尊心，实现爱的能量叠加。

爱的方法：幸福可以来规画

生命不是向外求，而是向里走。我们的幸福规画就是由内而外的过程，也就是内圣外王。让每一个生命更好地自我穿越，从成长走向成熟直到成功（如下图）。

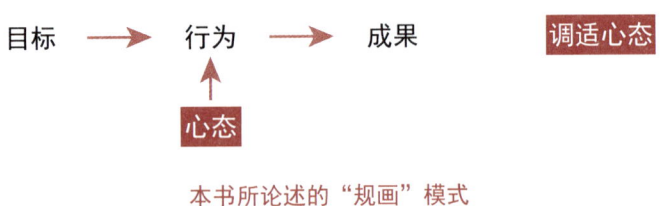

本书所论述的"规画"模式

《大学》早就说明了规画落地的路径，"格物、致知、诚意、正心；修身、齐家、治国、平天下。"要想实现"修身、齐家、治国、平天下"的宏伟蓝图，就要走上"格物、致知、诚意和正心"的成长之路。

这条成长之路的真相就是我和自己以及身边人的关系，和这个世界的关系。在我们明确关系就是真相的过程中，不断地去体验我们"行不通"的背后是什么关系真相，那么我们的能量状态就会改变，一切经由这些觉察而发生变化从而实现我们的目标和价值。这就是规画。

规画的路径：

第一，"格物"。格物就是区分，区分清楚我们要的是什么，不要的是什么。我们经常混淆在概念里不能自拔，淹没在事件的海洋里，一会儿清醒，一会儿模糊。家长是否发现孩子很不喜欢我们讲道理？首先，我们做个区分，就是你讲的是概念还是你的体验？如果是概念，你自己都没做到，便要在对方的事件中证明对错，孩子就会反问："你也是这样啊"，你忽然发现他学会顶嘴了。如果是你的体验，你的表达和你的内心状态是一致的，对方能感受到你的一致和力量，更容易使彼此在沟通中不断地向内看，不断觉察，相互滋养。其次，我们的第二个区分就来了，正是因为我们讲的是概念，很多家长面对孩子很无奈，面对孩子的一些状况解决不了，纠结在事情中进退两难没有结果，我们就会一次次"跳跃"过去，孩子的一些历史总会一次次重演，让人揪心。而家长、孩子通过学习的体验不断觉察自己，我们更容易帮助彼此"穿越"

幸福脚步

做父母的要学会放慢生命的脚步，体验内心平静生活的感觉，在这种心境下陪伴孩子，给自己的心灵放个假，经常到自然中去漫步，寻找儿时的快乐。此刻我的感受是？今天我要感恩的是？今天我要向内看，向外突破的是？

过去，在"穿越"的过程中，内心能量不断叠加，自动自发的状态就出来了，这就是爱的状态。最后，我们看第三个区分，"爱和喜欢"，当我们区分不清楚时，会停留在喜欢层面，家长会用自己的标准来评判孩子的对错，我们很难穿越；当我们到达爱的层面时，会让彼此感受到幸福和喜悦，会引发彼此更好实现。就像中药铺里的格子，每个格子里有不同的中药材。区分就是让我们看到我们是否活在演绎和假设里，偏离了我们的立场和状态。规画的过程其实就是一个不断区分的过程，在区分的过程中，从表象进入真相，从事情看到人心，从呈现看到内心的体验，从外在看到内心感受，从偏差回到正轨。所以我们的家长和孩子首先要明确的就是区分。例如：

外求无价值，生命向里走；

作为家长你引发孩子的不是要跳跃，而是穿越；

事前叫负责任，事后叫承担责任；

我们很容易看见我们所失去的，却不愿意看到我们所拥有的；

承诺是为了创造可能性；

负责任是为了有高标准、严要求和有价值；

我们没有问题，只有"行不通"的地方；

你做事的"出心"是为了"赢"还是"不败"？

重要的事情说第三遍："家长学习不是为了学习新知识，而是要学会区分，忘记旧的经验。"

第二，"致知"。致知就是知道我们的方向，也就是我们的立场（如何达成）。方向如果是有效的，做到了就拥有，就算没做到也会无限接近目标。你的立场就是你的方向，我发现很多家长自己本身就没有什么立场，如何能引发自己的孩子？能坚持什么立场？家长、老师学习的目的不是告诉孩子而是引发孩子明确自己的方向。

父母、老师实现"致知"的四个步骤：

步骤一：学习；步骤二：固化；步骤三：蜕变；步骤四：优化。

树上有很多毛毛虫，看到一只蝴蝶飞过来，其中有一个毛毛虫羡慕地说："蝴蝶姐姐，你可真漂亮。我要是能跟你一样就好了。"蝴蝶转过头来笑眯眯地说："其实你跟我是一样的呀。我的现在就是你的未来。"毛毛虫疑惑地问："怎么可能？我们怎么会是一样的呢？"其中有一只毛毛虫听明白了，这只毛毛虫开始了蜕变之旅。随着不断啃食树叶，不断吐丝，它把自己用茧包裹起来。吐丝之前要吃大量的东西，确保营养，吐丝的过程是一个不断汲取和吸收的过程，就是一个学习的过程。在规画体系中，第一步就是学习。当这只毛毛虫变成一只茧时，就固化了。固化的过程是规画的第二部分。固化是新的生活模式和新的习惯养成的过程。

有一天，固化在茧里的这只毛毛虫，翅膀不断长出来，肚子越来越小，变成了蝴蝶雏形的样子，要破茧而出。如果你好心帮它把茧打开，那这只幼虫就会死去，幼虫必须通过自己的努力，不断扇动翅膀，去破茧。挣脱的过程，幼虫肚子上的脂肪消耗越来越大，肚子变得又细又长，它的翅膀越来越有力量。有一天，它突然挣脱了茧飞了出来，变成了一只美丽的蝴蝶。这个突破的过程，完全都是靠自己去面对和突破。所以说，学习是一个习惯养成的过程，是一个不断去改变心智模式的过程。固化阶段就是通过新思维方式引导新的行为方式，在新的行为方式不断重复的过程中建立新的习惯。这个过程需要大量的累积，从量变到质变的蜕变过程完全靠自己去做到。在规画体系中，一个人减肥是很难的，要靠一群人的支持减肥。在健身房的人很多，是因为大家在这个环境中共同来实现减肥的目标时，彼此之间就有了支持。我们不但有支持系统，还有监督系统，让彼此在这个过程中用PK的方式，通过相互的约定，达成结果。毛毛虫破茧而出后，变成了一只美丽的蝴蝶，通过不断适应外在的环境，轻轻地扇动翅膀飞翔，最后自由自在地在空中做各种各样的动作，这是优化阶段，蜕变之后就是不断优化的过程，又是从头开始的过程。我们的人生就像蝴蝶一样，是一个不断学习、固化、蜕变、优化的过程。

时刻明确我们的愿景和目标，使我们动力十足，自觉自愿。

第三，"诚意"。诚意就是内心发出积极正面的念头，体验"吸引力法则"。孩子不是讲道理而成长的，而是"信"出来的。很多家长的"信"只是概念而已，内心的立场未必坚定，而有些家长是体验并穿越过来的，这就是诚意。

诚意的三个关键词：觉察、心动力和迁善。

觉察就是不断地向内看，明确"我是因，世界是果；我是因，孩子是果；我是因，事情是果"。看到任何人"没有缺点，只有特质；没有缺点，只有优点；没有缺点，只有含苞待放的花苞"，以及花苞心态，静待花开"。

第1章 一个核心：爱

心动力就是我们的信仰级别，一切从接纳开始。接纳：爱不再冷漠；喜欢：爱的能量开始流动；崇拜：爱的交融，相互滋养；感恩：爱的动力十足；信仰：爱的最高形式，一览众山小。

迁善，生活中当我们内心"行不通"的地方创造了"行不通"的现状，迁善就是把"行不通"的调适到"行得通"的状态，这样外在就通畅了。"行不通"的把孩子的能量卡住了，我们家长就是要支持、陪伴孩子面对挑战，拓宽心胸格局，实现心中的爱和自由。

这就是规画教练功课的方向。通过每天的爱语和幸福日记来不断自我觉察和迁善，从而提升爱的动力。

第四，"正心"就是维护家庭的整体利益，小人破场，君子捧场。具体来说，在孩子面前中立地表达，以欣赏和挑战为方向。名不正言不顺，家长就是家长，孩子就是孩子，我们的责任就是成熟地去表达，持续引领孩子的成长，孩子的责任就是我们的责任。当孩子长大之后就会延续父母的责任，对自己的人生负责任和承担责任。

家长规画成长之旅就是一个不断正心、回归的过程。我们在平台建立第二家庭，让每一个家长通过规画把概念变成体验，从体验中自我觉察，不断区分，不断看到真相，负责任地去拿到人生的每一个成果，最终回归到家庭中创造自己的幸福。

所以规画就是通过人的成长规律来实现心中的画面的过程，并在实现这个过程中去感受幸福。规画的目的不是"不败"，而是要"赢"（提升家庭的幸福感和每个家庭成员生命的厚度）。而赢的标准是：学习、体验和拿到成果。

幸福家庭规画落地系统将人看成是立体而完整的整体，并且分为人的内因、心态和方法三端构成爱的核心。内因引领孩子提升生命的厚度，探究孩子行为背后的动机以及人生目标；心态是能量叠加，表示我们采取的态度，或者做事情的出发点；方法是怎么做。采取什么方法、工具或者采取什么途径来解决问题。

一个完整的人=内因+心态+方法的统一

总之，爱的核心是塑造一个完整的人。

Chapter 2

第 2 章

两个基本点：向内看，向外突破

第 2 章　两个基本点：向内看，向外突破

幸福家庭规画落地系统模型图

这一章，我们重点来解读幸福家庭规画落地系统模型图的"对联"——向内看，向外突破（如上图）。

很多家长都受到这样的困扰：

我爱孩子，但孩子的学习表现不是太好，叫人头痛；

我爱孩子，但孩子好动、爱吵闹，经常招惹是非被人告状上门，我的

让爱回家 幸福可以来"规画"

孩子为什么不能像别人家的孩子那样安安静静？

我爱孩子，但……

爱的陈述句中，一个"但"的转折，牵动着无数家长的心。

是什么妨碍了孩子表现更好呢？

有一个经典公式：表现＝潜能-干扰。

一个人表现不佳，并不是他没有这个潜能，而是因为有更多的干扰存在，降低了他的表现能力。这个公式相当于规画系统中的"牛顿定律"，具有举足轻重的作用。

生物学家做过一个有趣的实验。他们在一个玻璃杯里放进一些跳蚤，发现跳蚤立即轻易地跳了出来。根据测试，跳蚤跳的高度均在其身高的100倍以上。接下来实验者再次把这些跳蚤放进一个加了玻璃罩的杯子里，会听到"砰……砰……"轻微的撞击声，跳蚤们个个撞在玻璃罩上。跳蚤虽然跳不出来，但并没有停下来，因为跳蚤的生活方式就是"跳"。一次次地被撞，跳蚤开始变得聪明起来了，它们开始根据玻璃罩的高度来调整自己所跳的高度。经过一段时间，玻璃罩又降下一定的高度，这些跳蚤又一次次地被撞，它们再根据玻璃罩的高度来调整自己所跳的高度……随着玻璃罩一降再降，接近瓶底……最后实验者开始把玻璃罩轻轻地拿掉，跳蚤不知道玻璃罩已经去掉了，它们已经从一个跳蚤变成了一个可悲的"爬蚤"！

后来，生物学家在玻璃杯下放了个酒精灯，并且点上了火。不到五分钟，玻璃杯烧热了，所有的跳蚤发挥出求生的本能，不管是否被撞痛，全部跳出了玻璃杯。

这个试验生动地说明了干扰和潜能的关系。对于跳蚤而言，它是有潜力跳出玻璃杯的，但是"干扰"的存在却让擅跳的跳蚤变成了"爬蚤"！这是多么可怕的事实啊！玻璃罩不仅罩在杯子上，而且罩在了跳蚤的"信念"上，行动的欲望和潜能就这样被扼杀了。其实，这样的例子不胜枚举！

所以，精彩的人生是需要挑战和激励的！

人有些时候也是这样。很多人不敢去追求成功，不是追求不到成功，而是因为他们的心里面有着太多的干扰。

比如，正常的人都有一定的言语表达能力，都能说话。但调查发现，在公众面前发表演讲，却成了90%以上的人一生除了死亡之外的第二大恐惧，尽管人们平时滔滔不绝，然而一旦众目睽睽，立即汗如雨下、面红耳赤而不知所云。细细想来，对着一个人是讲话，对着1000个人同样是讲话，为什么原本口才极佳的人换了一个场景就表现如此差劲呢？这同样涉及前面提到的心态与方法的问题。不是不能讲话，而是不敢讲话，技术上具备条件，只是心态上出现了"短路"。干扰时刻存在，因为人类有思想，时刻在思考。每个人从生到死，千千万万的念头连绵不绝，而这些念头有多少是有价值的呢？其实很少！所以，从表面看，干扰来自外界，实际上所有的干扰都来自内心，来自人们对于外界的看法和态度，来自于心里的恐惧、担心、嫉妒、紧张、压力等各种负面的想法，甚至有时也来自想做好、不负众望、超越自己等正面积极的念头，因为有时候任何想法都会成为干扰。

类似不敢上台演讲这样的事情每天都在发生，例如，不敢找人沟通，怕被别人拒绝，怕自己不够好，等等。这些人不是不懂方法，而是内在的干扰太多。这些干扰最终成为人们做不好的"元凶"。

所以，幸福家庭规画系统倡导：

我爱我的孩子，所以我愿意用我的言行影响我的孩子！

我爱我的孩子，所以我愿意全力以赴支持我的孩子！

我爱我的孩子，所以我愿意全心全意引领我的孩子！

爱——要向内看，向外突破的是：父母期望孩子有健康、自信、自尊、自立、自爱的完整人格，父母期望孩子活出喜悦、丰盛、富足的人生，做父母的就要给孩子提供一个温暖、有爱、被爱、接纳、宽容、喜悦的环境！

爱——要向内看，向外突破的是：父母期望孩子活出激情、感恩、负责任的状态，做父母的就要帮助孩子们去触碰他们生命中最有活力的部分，肯定他们生命的力量与资源，成就他们可能成为的最好的自己。

爱——要向内看，向外突破的是：父母期望孩子学会承担生命中的挑战，做父母的就要做孩子的精神引领者，与孩子一起成为爱的精神共同体，常怀感恩心，给孩子播撒感恩和爱的种子，让孩子活出爱，活出自己！

爱——要向内看，向外突破的是：我不一定喜欢我欣赏的人，我一定会喜欢欣赏我的人。爱孩子就是要学会欣赏孩子身上的优势和潜力，让

第 2 章　两个基本点：向内看，向外突破

爱与欣赏为孩子创造一个广阔的空间，让孩子进入内心的世界去探索与冒险，去发现他们自己的天赋和宝藏。

爱——要向内看，向外突破的是：做父母的要做到"优点越说越多，缺点少说慢慢少"。一个孩子的自信来自于5000次的肯定，让孩子从肯定中得到满足和成就感。不害怕问题才能面对问题，解决问题。让孩子迈向自尊与创造的台阶！

爱——要向内看，向外突破的是：做父母的希望孩子通过学习赋予他们自己更丰盛的生命旅程，拥有更高的生命品质，为未来的生活奠定基础。做父母的要培养孩子养成一个良好的学习习惯，同时教会孩子爱自己，欣赏自己，重视自己。

幸福脚步

只有当一个人感受到爱的时候，他才会发自内心地改变，我是如何理解这句话的？在生活中我打算如何做？此刻我的感受是？今天我要感恩的是？今天我要向内看，向外突破的是？

爱——要向内看，向外突破的是：做父母的要为孩子构建一个爱的能量场，让孩子在其中吸收爱的能量，撞开心门、抚慰心灵、化解心结、拓宽心胸格局，从而有动力和勇气去面对自己的人生！

爱——要向内看，向外突破的是：做父母的就是要随时随地在孩子心中增加爱的能量，提升自己爱孩子的能力！每个孩子心中都有爱的存款账户，我们赞赏他，就是"存款"，就是增加孩子心中爱的能量！我们抱怨

孩子、指责孩子就是"取款"，就是取走孩子心中爱的能量！

爱——要向内看，向外突破的是：我们的时代和孩子的时代不一样了，孩子属于未来，孩子将创造一个我们想象不到的世界！

爱——要向内看，向外突破的是：做父母的要支持孩子的远大梦想，而不是将他们囚禁在一个做父母的标准或旧的、陈腐的价值观里！

爱——要向内看，向外突破的是：一个有梦想的人，才会有目标，一个有目标的人才会有激情，才会去承诺、才会负责任、才会欣赏他人、才会去付出、才会信任他人、才会去共赢、才会去感恩、才会有更大的创造力、才会用爱的通道，通过规画的方式，按照自己的天赋和成长规律，实现自己内心的蓝图，做最好的自己！

爱——要向内看，向外突破的是：支持与滋养孩子，是父母和师长的天职使命！

教育就是爱！没有爱就没有教育！

我是一切的根源，爱是所有的结局！

幸福脚步

爱是能站在对方的角度去思考或看问题，我是如何理解这句话的？生活中我要如何做？此刻我的感受是？今天我要感恩的是？今天我要向内看，向外突破的是？

第 2 章 两个基本点：向内看，向外突破

《爱与自由》亲子关系第一课的课间，一部分学员能量爆棚，活跃地跑到台前合影留念。

向内看，我是一切的根源

也许你会觉得孩子做什么事都不如别人，一无是处；有时甚至还受到你的责备、讥讽，难道孩子做的总是错的吗？你得承认，孩子有今天，父母有不可推卸的责任。假如你觉得面对孩子感觉比较糟糕，那么就先改变自己吧。但是，有些人会说，自己糟糕的境况是由于别人，或者社会造成的，这怎么可能改变得了呢？的确，在社会生活中，人总会受到各种因素的影响。不过，说到底，如何看待这些问题，最终则是由我们自己来决定的。

幸福脚步

我是一切的根源。我是如何理解我是因，世界是果的？对我有效的思考和行动是？此刻我的感受是？今天我要感恩的是？今天我要向内看，向外突破的是？

第 2 章　两个基本点：向内看，向外突破

如果一个人是对的，他的世界也是对的

一个周六的清晨，牧师正在思索问题。他的太太外出了，因为在下雨，小儿子强尼无处可去，非要和爸爸一起玩。牧师不愿意被打扰，他随手拿起一本杂志，看到上面有一副彩色的世界地图。于是就把这一页撕了下来，并将其撕成小片，然后对儿子说："强尼，你把地图拼起来，拼好后我给你两美元。"牧师本以为自己的儿子会拼上几个小时，谁知十分钟不到，儿子就进来了，说："爸爸，我拼好了。"牧师惊讶万分，当他接过地图，发现竟然没有一点错误。牧师赶紧问儿子："强尼，你是怎么做到的？"强尼回答道："很简单啊，我发现地图的背面是一个人的图像。于是，我先在地上放上一张纸，然后把有人的图像放在上面拼好。我在上面再放上一张纸，最后翻过来，拿掉最先放的那张纸，就是世界地图了。我想，如果人拼得对，地图也应该拼得对。"牧师赞叹地笑了，给了儿子两美元，说："是啊，我知道明天为大家讲什么了，如果一个人是对的，那么他的世界也是对的。"

是的，如果你是对的，你的世界也就是对的。我是一切的根源，向内

看，寻找真相，首先要了解自己，了解人这个生命体运行的机制和原理。

前面我们讲过，人的脑、心、身，对应我们幸福家庭规画系统模型中的三大系统。在探索认知自我时，我们发现，脑是一个人的理性分析系统，是显意识，心是感性的、情绪化的，同时也是潜意识的（如下图）。

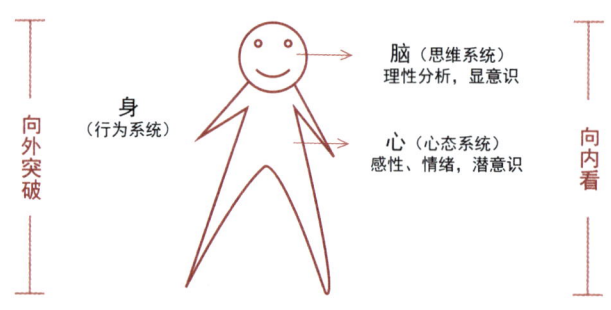

两个基本点与脑、身、心对应图

我经常问家长们："理性和感性哪个更重要？是谁在决定我们的行为？"答案不一。有的人认为理性更重要，因为它决定了我们的行为。有的人认为感性更重要。

我们听过一句话叫做"不要用别人的过错来惩罚自己"，这句话很有道理，可是事情发生在自己身上的时候，这句话就不管用了。那一刻我们怒从心中起，恶向胆边生，动嘴解决不了的问题就直接动手了。事情发生在别人身上，我们讲道理的时候，我们的内心是平静的；当事情发生在自己身上的时候，我们的内心开始波澜起伏，什么道理都听不进去。有太多的人是掌控不了自己情绪的，这样就会产生很多情绪化的后果。

被情绪化的香炉

我有一个邻居，从小我们的关系就非常好。我们家有一个祖传的香炉，很值钱。有一天，我早晨醒来发现香炉不见了，内心慌乱，找了一整天都没有找到。我内心很纠结，却没有办法，心里想：家里又没有其他人，会是谁呢？我开始想是不是邻居呀？我也被自己的念头吓了一跳。心想这么多年的邻居，不可能吧！结果出门就碰见了邻居，我在心里已经给他贴上了"小偷"的标签，他看我气色不好就询问我，我觉着对方虚情假意，装模作样。不论对方做什么我都认为他是个"小偷"。回家后我内心有很大的愤怒，认为这么多年的邻里关系对方居然会干出这样的事情来。真是知人知面不知心啊！这个过程对方根本不知道发生了什么事情，而我自己却很难受、痛苦。

第二天早晨醒来，我看见我们家的狗嘴里叼着香炉到处跑，我才知道我误解了邻居，有多大的愤怒就转化为多大的歉意。出门看到对方，我感觉对方做什么都是好的，内心极度愧疚。而对方依然不知道发生了什么。这两天我就是自己在纠结难受，与对方无关。

我们当下的人生结果是由我们当下对于事情发生所下的定义决定的，不取决于事情本身，因为事情本身没有意义。有人定义人生苦短，结果他的人生就是苦短；有人定义人生美好，他的人生就美好。大部分家庭很多时候遇到的事情是相似的，但有的人就过得很幸福，有的人过得很痛苦，这些皆是由定义不同来决定的。人生下定义的品质决定生命的品质。

在家庭教育辅导中，我们总会遇到这样的现象和苦恼：

孩子明明知道回家先写作业再玩，为什么往往还是选择先玩再写作业呢？

我们不希望孩子像小皇帝一样，对家务活儿视而不见，而现实中孩子却像个小皇帝，从不做家务活儿？

我希望多一些时间陪伴孩子，却总因工作压力和各种应酬忙得团团转而很少与孩子在一起。

……

我们都知道"通情达理"这个词。内心的情感通了，再讲道理的时候就好接受了。内心代表我们的情绪、感觉。内心正能量，行为也是正能量的。家长教育孩子之所以痛苦无力，跟我们的内心息息相关。向内看，我们要找到对待外在的事物是如何定义的，找到我们焦虑和痛点的情绪点。

第2章 两个基本点：向内看，向外突破

每个人都是"九牛之人"

《九牛之人》是一个流传千古的美丽故事。在某个村子有两兄弟阿舍和阿得，他们到了适婚年龄还没有找到自己心仪的女孩。他们便决定驾着自己的小船踏上"觅妻"之路。

离开家乡之后，他们摇啊摇啊，摇了九九八十一天，走过了七七四十九个岛屿，也没有找到自己心仪的女子。不是未嫁的女孩他们看不上，就是看上的女孩已出嫁……就在他们快要绝望时，他们来到一个小岛，在他们的小船靠近岸边时，阿舍的眼睛猛地一亮：那个在捡贝壳的女人不就是自己要找的另一半吗？

阿舍怀着激动的心情指给阿得看，阿得却摇了摇头。嗨，她的相貌和气质太一般了，没有什么出众的地方，样子长得也不怎样！但阿舍很坚决，她就是我要找的女人！

于是阿得陪着阿舍上了小岛到当地去打听，打听到这位姑娘名叫阿秀，正待字闺中。然后他们打听提亲的风俗，当地人告诉他们，这个岛里有个不成文的规定：男人向女人提亲，是要用牛来做聘礼的，而牛的多少代表了女人在男人心目中的价值。一头牛代表见一面以后再也不想见，谁也不想娶的丑女；两头牛表示勉强看得过去；普通的女孩子就是

三四头牛；能被用六头牛作聘礼的已经是很不错的漂亮贤惠的女孩了；而最多是用九头牛，这样的女孩子是非常优秀像仙女般的了，相当罕见。这么多年来，在这里根本就没有人送过九头牛的聘礼。

结果阿舍想方设法买了九头牛，在做好一切准备工作后，他选了个良辰吉日，浩浩荡荡地赶着牛群去提亲了。

当阿舍"嘭、嘭、嘭……"敲开阿秀家门时，阿秀父亲出来了，看到那么多的牛，扶着门框吃惊地问："年轻人，你有什么事？"阿舍说："老伯伯，我看上了您家的女儿，我赶着牛是来提亲的。"老人说："你提亲也用不着赶这么多牛来，我家女儿只是一个普通人，最多只要三四头牛就行了。你送这么多牛来，是不对的，如果我收下，邻居会笑话的。"阿舍说："不，老人家，我认为你的女儿是世上最漂亮、最好的女孩，我认为她就值九头牛。请你一定要收下啊。"

老人推辞不掉，只好收下九头牛。

婚后，阿舍一直把阿秀当成最漂亮、最可爱的女人。

喝过阿舍的喜酒后，阿得摇船而去，继续他的"觅妻"之路……

时间过得很快，三年过去了，阿得在外面四处奔波还没有找到自己满意的女孩子，寻寻觅觅又再次回到这个小岛上。他想顺便看看阿舍的日子过得怎么样，是不是和他的妻

第2章 两个基本点：向内看，向外突破

子很幸福地生活着。

阿得想：是不是自己要求太高了呢？如果像阿舍一样，找一个普普通通的女孩子结婚，也许现在也有儿有女，过着幸福快乐的日子。正当他叹着气，小船来到了岸边。阿得把船停靠在小岛旁，上岸去打听阿舍的情况。

当他走到一个小湖边时，他的眼睛突然一亮，阿得看到了一个美丽的姑娘在湖边洗衣服，她长长的秀发乌黑柔亮，脸庞像玫瑰花一样娇美，身材是那样婀娜多姿，美极了。

阿得一下子看呆了，这不就是他日思夜想要找的女孩子吗？怎么以前没发现啊？真是踏破铁鞋无觅处，得来全不费工夫啊！

他保持镇定，清了清嗓子，很有礼貌地问道："你知道三年前来这和一位当地女孩结了婚的阿舍家在哪吗？"

美丽的姑娘听了之后，低头一笑用银铃般的声音说："你跟我来吧！"

阿得跟她走了很长一段路，来到了当年陪阿舍提亲时的地方!但是这里有了很大的改变。老人家的房子旁边新盖了一栋很漂亮的房子，还有一个两岁左右的小女孩在门前玩耍着……

"妈妈回来啦！"小女孩看到那漂亮的女人，一边喊，一边跑了过来，抱着女人的脚。阿得立刻心一酸："不是

吧，找了这么久才找到自己心仪的女人，原来她已经有了女儿了，还……"

没等阿得反应过来，一双手把阿得拉了过去！阿得抬头一看，原来是多年没见的阿舍。兄弟二人相见，显然很激动，便聊起这几年各自的生活。聊了不一会儿，阿舍问道："三年没见，你还记得我住在这里啊？"阿得笑了笑说："是一位清秀靓丽的女人带我来的……"话还没讲完，那女人把茶端了过来，说了声："小叔喝茶。"

"这是你嫂子！"阿舍说道，"三年前我们在海边见到的那个拾贝壳的女人。"

阿得瞪大的双眼充满了怀疑："怎么可能呀？当初我也见了，是一个很普通的女孩子！怎么几年不见变得这么漂亮了啊？"

阿舍笑了笑说："我也不知道，你去问你嫂子吧！"

他怎么也不能把三年前的女人与眼前的嫂子联系到一起，这变化也太大了。

女人似乎也看出了阿得的心事，对阿得说："没遇到阿舍之前，所有的人，包括我父母和我自己都觉得，我是一个很普通的女孩子，顶多只值三头牛。可阿舍却认为我值九头牛，并用九头牛娶了我。所以我就相信自己值九头牛，并一直以九头牛的标准来要求自己，三年来就慢慢变成了你看到的这样子了。"

弟弟阿得听后,感慨万千,不胜唏嘘,若有所悟。

《九牛之人》的故事阐述了这样几个道理:

(1)生命成长的过程是不断自我提升的过程,你给自己如何定位,你就真的会成为那样的人。

(2)你用发现"九牛之人"的眼光去看待你周围的人,你将得到真情的回报,一定要坚信自己的爱人是"九牛之人",并且像对"九牛之人"一样爱他(她),你就会得到一个"九牛之人"的爱人。

(3)肯定和赞美能激发出人无穷尽的潜力,能不能遇到一个"九牛之人"的关键,是你愿不愿意用发现"九牛之人"的眼光去看待你周围的人。

(4)对于爱你的人来说,你是世间独一无二的!无论此时的你是多么的平凡,只要自信,你也将会成为世界上最完美的人。

(5)每个人都是一块金子,只是光线照射的角度和抛光面的多少决定了光反射的程度不同。你认为自己是天才,并且按照天才的标准去做了,那你就是天才。

(6)你认为自己一定会有所成就,会成功,并且付出努力,你就一定会成功!不管结果如何,你都是成功的。

(7)只要内心的信念常在,心火会常存不熄,就会最终得到自己想要的幸福!

让爱回家 幸福可以来"规画"

华实星星合在新疆举办的"精英领袖动力营"受到广大学员的一致好评，图为部分学员在"精英领袖动力营"的合影。

第2章　两个基本点：向内看，向外突破

"向内看，向外突破"这是我课堂上说的最多的一句话。

爱要向内看，看到自己每一个当下的思维方式、行为方式、语言方式。做父母的就是要为孩子构建一个爱的能量场，让孩子在其中吸收爱的能量，敞开心扉，抚慰心灵，化解心结，拓宽心胸格局。从而让孩子更有动力和勇气面对自己的人生。

所以，家长面对孩子时，都可以说："我是一切的根源。"在本小节结束时，我建议各位家长、读者朋友，尽情朗读《我是一切的根源》，品味文字背后的意义，通过朗读找到自己内心的力量。

我是一切的根源

一个不会游泳的人，总是换游泳池是不能解决问题的；

一个不会做事的人，总是换工作是提高不了自己的能力的；

一个不懂经营爱情的人，总是换男（女）朋友是解决不了问题的；

一个不懂经营家庭的人，怎么换爱人都解决不了问题；

一个不学习的孩子，绝对不会持续成功；

一个不懂正确养生的人，药吃得再多，医院设备再好，都是解决不了问题的。

幸福取决于你是否愿意改变自己，

你变了，一切就变了。

你的世界，是由你创造出来的。

你的一切，都是你创造出来的。

你是阳光，你的世界就充满阳光；

你是爱，你就生活在爱的氛围里；

你是快乐，你就生活在笑声里。

同样，你每天抱怨、挑剔、指责、怨恨，你就生活在地狱里。

一念到天堂，一念下地狱。

你心在哪里，人便在哪里。

我是一切的根源。

向内看，找到"我是谁"

生命不是一场角逐，也不是功利游戏，生命是一场向外的对抗和一场向内无限延伸的深度旅行。向内看，找到"我是谁"是人一辈子的命题，也是一个人成长成熟的标志。解答了"我是谁"的问题，能帮我们画出一个人生的大地图，指引我们往哪里去，告诉我们成长的方向……

每个人都有一幅属于自己的心灵地图，但地图不是真的疆域。

在我们的内心深处，也存在着一幅人生地图。我们用这幅地图作为我们每时每刻分析情感反应，选择行动的参考依据或是标准。这幅地图是我们根据人生中的经历，包括所听、所看、所接触到的，种种的人和事物，由我们自己亲手绘制而成的。这幅地图的核心便是一个人的信念（Beliefs）、价值观（Values）和规则（Rules），即一个人的BVR系统。同时，因为每个人的成长经历不同，每个人的地图也是不尽相同的。每个人都有他独特的"地图"或者说是世界观，没有谁的"地图"比别人更真实或更现实。

心灵地图不是真的疆域。我们每个人都生活在主观认知所塑造的世界里并信以为真。我们用心灵地图指导自己生存到今天。心灵地图中的某些部分，仍然可以在未来继续帮助和指导我们；同时，也有一部分已经模糊甚至滞后，应该重新改版绘制，如果我们仍然继续使用，将会造成与事实间越来越大的鸿沟，这往往让我们做出错误的抉择，从而导致不良的后果。

持续拓展我们的地图非常重要。你关于世界的地图越丰富，处理现实挑战时拥有的可能性就越多。事实上，最有效能的人，是那些心灵地图能帮他们觉察到最多的可能性选择和观点的人。他们觉察、组织和回应世界的方式更宽广、更丰富。在浩瀚的银河系中，每件事物的存在何其渺小，而在每个表象之外，是否又具有其他角度的意义呢？生命是如此的微妙和短暂，我们是不是都该用这种伸缩镜头般的视界，去拉宽自己的视野和内心所想的一切呢？

请所有的孩子们朗读下文，去找到"我是谁"。

我是一个独一无二的人

我是这个世界上独一无二的人，生命赋予我奇妙的天赋和潜能。我充满自信、自尊与自爱。我有一颗善良、真诚、有爱的心。我积极、光明、心胸开阔，不说负面攻击人的话语。我真实、诚恳，愿意祝福他人，鼓励他人，帮助他人。我知道，我就是我，在这个世界上没有一个人会和我完全

第 2 章　两个基本点：向内看，向外突破

一样。我的生命由一股神奇的力量组成，我是独一无二的。我健康并充满活力，我有强烈的学习欲望和学习能力。我尊重老师，结交益友。我和家人、老师、朋友都相处融洽，沟通良好。我有极佳的思考能力和组织能力，我有超强的理解力、记忆力和创造力。我浑身都散发着激情与活力。我的天赋和潜能都能尽情发挥。我是独一无二的人，我值得深深地自我欣赏和尊重。

我爱我自己，我欣赏我自己。

练习：准备一张纸写下自己的优点，至少20条（也可以写自己渴望拥有的优点），每天大声朗读，去找到"我是谁"。

我的优点

1. _____
2. _____
3. _____
4. _____
5. _____
6. _____

让爱回家 幸福可以来"规画"

7. _____
8. _____
9. _____
10. _____
11. _____
12. _____
13. _____
14. _____
15. _____
16. _____
17. _____
18. _____
19. _____
20. _____

第2章 两个基本点：向内看，向外突破

"爱与自由"研习班在教育系统家庭教育骨干中的培训取得了圆满成功。学员们纷纷表示要将"爱与自由"在家庭中落地执行，让幸福家庭规画进入自己的家庭。

向外突破：走出"洞穴"，享受幸福生活和美好世界

向内看，看的是我们的心态，向外突破，突破的是我们的行为。

做自己不愿意做的事情叫突破。

做自己不敢做的事情叫突破。

做自己不想做的事情叫突破。

洞穴的故事

人类居住在一个洞穴之中，有一条长长的过道通向外面。人类从一开始就住在这里，像囚徒一样双腿和脖子都被锁链锁住了，不能回头，只能看到眼前的洞壁。在他们身后有一堆火在燃烧，在火与囚徒之间有一条路和一道矮墙，就像木偶戏的舞台。沿着矮墙，有各式各样的动物走来走去，火光把这些影像投射到洞壁上，形成了各种各样的影子。由于囚徒生来就不能转身掉头，所以他们就把洞壁上的影子看

第 2 章 两个基本点：向内看，向外突破

作是真实的存在。

有一天，不知什么原因，有一个囚徒挣脱了锁链，回过头来，看到了光，最初他的眼睛不习惯光亮，会认为他所看到的不是真实的存在。但是当他习惯了之后就会发现，过去被看作是真实存在的东西不过是影像，眼前的东西才是真实的。

他被拉出了洞穴，当他面对太阳的时候，一定会觉得阳光刺眼，经过一段时间之后，他发现太阳照耀下的外面的世界才是真实的世界。这时他开始怜悯起那些仍然生活在洞穴之中的同伴，于是他决定回去拯救他们。然而，他已经不能适应洞穴中的世界了。

捆在洞穴里囚徒身上的锁铐就是我们原有的信念和心智模式。有很多学员分享：参加《爱与自由》课程时，关于受伤害与负责任的讨论，对老师的观点不以为然：明明我是受伤害的，你不追究他的责任，却让我来负责任，岂有此理！因为每一个人都喜欢用自己过去的思维模式来评判当下，认为我这样过我的生活没有问题。而当自己"向外突破"了固有的行为模式、思维模式后发现感觉很美好，心中压抑很久的"石头"没有了，轻松、积极、有力量了。

现实生活中，我们依照自己所经历的环境，或增或减或改头换面为我们构建了一个世界，然后又反复强化，最终让我们相信这个世界就是我们

构建的那样。从这个角度来说,我们就是自己生命的"巫师",我们给自己搭建一个幻想世界,然后在现实中让这个幻想慢慢实现。

比如:

一个女人觉得自己的丈夫有外遇,于是越看越像,天天"一跟二查三套话"。半年下来,她的丈夫发现:原来出不出轨,成本是一样的!反正家也不像家了,还不如找一个!于是女人的直觉果然应验了……这就是因为妻子在自己的心里安装了一个丈夫会出轨的心智模式。

你细心观察就会发现,有一类人就像带着天使的光环,一切都很顺利,似乎永远都是那么幸运。"幸运儿模式"也是心智模式中的一种,"幸运儿"给自己构建了一个充满机会的世界,于是他们就会更多发现外界潜在的机会,"幸运儿"反复印证自己的"幸运儿模式",从而更加相信自己的"幸运世界"……

"有些人经常生病,动不动就生病",这种人其实并不是他们身体的问题,而是源于他们有一种"如果你想被关爱,那就生病吧"的心智模式。他们发现只要自己一生病就会得到更多的关爱,所以潜意识里就有了这样一个心智模式:生病——关爱,被关爱——生病。于是他们总是生病或者动不动就生病,除非他们把这种心智模式给除去了,否则还是会时常生病的……

由此可见,我们每个人不同的"思维模式"再加上一套自己的固定的"思维程序"所搭建的内在世界模型,就是我们的心智模式。

那么,怎样改变固有的心智模式呢?

第2章 两个基本点：向内看，向外突破

第一步，把镜子转向自己，这是心智模式修炼的起步。

第二步，有效地表达自己的想法，以开放的心灵容纳别人的想法。成长团体中有改变意愿的人会敞开心胸，深入地探询彼此的看法，进而发现全新的看法，从而使自己不断学习，超越自我。

人们总说优秀是一种习惯，其实优秀是一种心智模式。为什么你听了一场讲座，激动得热血沸腾，回归到日常生活还是该怎么样就怎么样？因为心态是一种态，就好像水有液态有气态。听讲座的时候温度上升，就是气态，回到家没有讲座现场的氛围了，就自动回归液态了。成功者的心态你学会了，但是他背后的心智模式，你还是不懂。

幸福脚步

我的内心世界是我自己做主的地方，我可以让我的内心世界变成天堂，也可以变成地狱。我是如何理解这句话的？平时我是如何做的？此刻我的感受是？今天我要感恩的是？今天我要向内看，向外突破的是？

优秀的人有一整套优化得非常好的后台运行程序（心智模式），这些程序清晰、干净、不占内存，直指目标。正是因为这样的思想程序，他们总会有不同的思维模式，在压力下面有平和的心态，对事物有全新的看法。向内看，发现自我；向外突破，一切皆有可能。

让我们做个游戏。下面九个点，如何用四条一气呵成而不重复的直线将它们连接起来（如下图）？

九点游戏图

怎么样？有一定难度吧！如果你从来没玩过这个游戏，实在想不到办法，这是正常的。很多人面对这个游戏最终选择了放弃，理由是根本不可能。有人选择放弃是正常的，因为这个游戏考验的是人们突破固有框架的能力。在家庭教育中，也是如此。孩子被面对的很多"问题"框住了。要求他去改变，他毫不犹豫地说"不可能"，让他逃，他跑得比谁都快。对一些家长来说，有些目标是从来不敢想的，不去想，也不能突破以前的经验。回到这个游戏，真的不可能吗？如果我们将直线的长度延长到九点所围成的方框之外，如果我们将思维扩展到从来没有想过的空间，情况会如何呢？你会欣喜地发现，你突破了（如下图）。

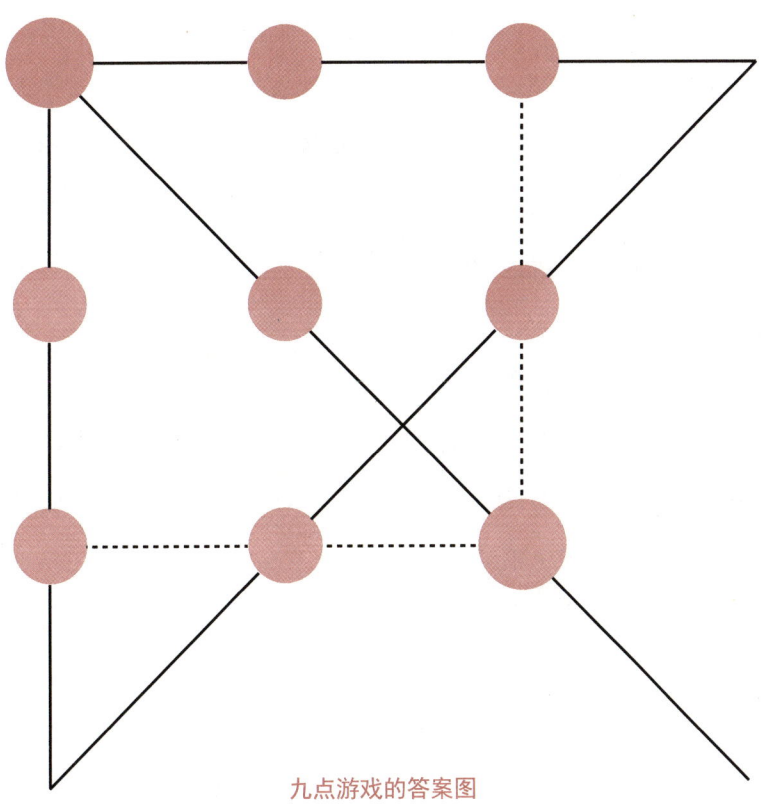

九点游戏的答案图

不过，答案并不重要。我们关心的是，是什么原因限制了你找到答案？是什么阻碍了你向外突破？平常是不是有类似的情况，让我们经营家庭、教育孩子陷入被动之中，有爱使不出，自己难受，却没法创造新的局面？爱怎么能活出来呢？当我们改变思维，爱就活了。

爱要突破，突破了心中的爱，爱才能传递出来；爱要突破，当我没有突破，心中没有爱的状态和感觉，此时我们心中丢掉了爱；爱要突破，当我掉入了"不可能"的框，陷入人生的迷雾，就不能成为孩子人生的向导；爱要突破，突破，爱就回来，内心柔软，爱就回来了；爱要突破，就是要看到过去不等于未来；爱要突破，就是要拓宽自己的心胸格局，打开孩子的心门，让他活出自己的精彩。

"人之初，性本善"，然而在后天的发展过程中我们碰到了不同的情景，产生了不同的自我保护机制，由此形成了不同的性格。就好像我们出生时原本是没有穿衣服的，后来我们选择了一件衣服穿在身上，用来保护身体。选择了不同的衣服就产生了不同的性格。这样的一件衣服一方面保护了我们，另一方面却也束缚了我们。

在应用心理学中有一种新兴的"九型人格理论"，它告诉人们，从出生到成年进入社会再到离开现实世界，人的身上注入了很多的价值观：成就、安全、和谐、完美、快乐、精神、权利、关系、情感……在众多的价值观中，遵循排序原则，第一序位价值观（一般只有9种可能）对我们的性格起到核心主导作用，影响和支配我们的心理和行为。

生活中经常发生的一个情形是：当我们与人相处的过程中出现不顺，我们总是说四个字——性格不合！其实，这个时候大多数人的视角是向外的。也就是说，看到的是别人（对方）个性里与自己不相融合的一面，却

第 2 章 两个基本点：向内看，向外突破

参加《创造孩子美好未来》第二期课程的父母与孩子们在认真听课。

忽略了重要的一点——我们自己的性格，而这也往往是产生不合的源头。我，乃是一切的根源，就在我们自己的性格里面。

不同性格的人对事物的关注焦点不一样。通常，大部分人都没有跳出自己的性格格子，遇事总是习惯性地、无意识地掉进自己的性格格子里……

性格也是一个过滤器，在不对称的视角下，人与人之间的互动就产生了障碍，人与社会之间的互动就出现了困难，所以我们会与人相处不宽容，与己相处不接纳。

面对快节奏的现代生活，当夜深人静一人独处时，我们发现那些白天做的事情并不是内心真正的追求，我们感到似乎被一种惯性的东西所牵引，无法逃离，它就像一种自动化的内在程序，每当有事情发生的时候就会启动，支配着我们的行为。性格就是这样一套植入我们身体内部的自动化程序。许多人一辈子都在被它操纵而不知其为何。在我们的工作和学习中，有时会遇到一种"瓶颈"：我们在不断吸收各种能量时迷失了方向，无法分辨哪些是我们要学习的，哪些是我们需要舍弃的。因此，如何认识自己个性的优势，如何令自己跳出个性的局限，是每一位走在成长道路上的人迫切需要了解的。

总之，向内看和向外突破是幸福家庭规画的两个基本点，家长遇到任何事情时都应该明白，我们需要向内看，向外突破。如此，才会与孩子建立爱的流动，真正让爱回家。

Chapter 3

第3章

三个维度：爱的思维、爱的心态、爱的行为

第3章 三个维度：爱的思维、爱的心态、爱的行为

古老的印度有一位国王，打算用最好的黄金打造一个无与伦比的黄金床。他让人把全国百姓的总身高累加起来，除以人口总数，得出全印度人的平均身高，然后下令，以这个数据为标准打造黄金床。床造好了，国王兴奋地让每一个来朝见的人都要在这张黄金床上睡一睡，要求这个人必须和这张床一样长，如果这个人身高超过了，让武士砍短；如果这个人矮，让武士拉长。毋庸置疑，所有高矮不同的人都会倒霉，有些人甚至一命呜呼！我相信所有人都会说这个国王是个残酷的暴君、魔鬼、杀人狂……

其实，我们每个人心中都有一张"黄金床"，并以此评判所有人、事、物的好坏对错，不是吗？当你对自己不满意，或者感觉自己没有符合别人的要求时，你会不会经常内心焦虑、自责，同时尽量在行为中扭曲那个真实的自己？当你感觉家人、孩子的观点、规则、做法甚至表情与自己不同，是不是会冷落、鄙视、排斥或咒骂他们，原因是他们不符合你的"标准"？当我们发现自己所处的环境与自己的想法不吻合，会不会埋怨，甚至因为这个所谓的"差距"而懊恼不已？其实，我们正是自己和他人的"暴君"。会经常自以为是地以真实、可靠的标准——"黄金床"来衡量一切。

每个人与生俱来都有自己独特的天赋特质。爱别人，就要从接受不同开始，接纳别人与自己不一样的地方，接受别人的不同看法，甚至承受负面压力。当然也要接纳自己的与众不同，它的前提就是接受自己的全部，包括缺点和不足。只有丢掉"黄金床"，不做自己的"暴君"，不做他人的"暴君"，才知道自己的位置、自己的需求，才能真正接纳自己、接纳

别人、接纳周围的事物，才能和谐地相处，才能幸福、乐观、积极地生活。

这一章，我们重点解读幸福家庭规画的三大维度。正如前文所述，规画的核心是要去规画幸福——爱人幸福、孩子幸福、自己幸福，天下所有人都幸福。幸福是以爱作底色的，而掌握爱的真谛，学会去爱，需要打通思维、心态和行为三大系统。

爱的思维

如前文所说,孩子的思维系统非常重要。思维系统属于大脑部分,大脑决定生命质量。

很多学员跟我分享:孩子学习、做事没有动力,说一下动一下,不知道自己要什么,怎么办?我自己生活也没有动力,每天除了工作、做饭、带孩子,不知道要干个什么。我回答:缺乏热情。

到底热情是怎样来的?人怎样才有热情?一个人有热情是因为知道自己要什么,能实现内在的真我价值,产生热情的出发点是可以自由选择,热情的外在表现是活出真实的我。

热情背后是什么?是愿景(如下图)。这是我们三大系统中的第一个关键词。

幸福家庭规画落地系统模型图

愿景——明确"我是谁"

愿景与动力（一）

一个初三的孩子到我这里做愿景规画，我问他："未来

第 3 章　三个维度：爱的思维、爱的心态、爱的行为

一年你想得到什么样的结果？"

他说："我没想太多，反正就学呗。"

听到这里，你就知道，这个孩子缺乏激情和热情。

我说："如果你有一个学习方法，通过这一学期或者一年，你想实现什么样的成果？你描述一下。"

"一个学习方法能达到什么样的成果？"他眼睛一眨一眨，显然产生了好奇心，他心动了。在我的再次引导下，他说："最好能进入全班前二十名。"尽管说出来了，但我的感觉是很牵强，也不是很有动力。

我就告诉他，如果你的画面不清楚的话，你的动力是不足的。

这时，他妈妈在旁边说："对，他经常就是自己承诺了，当时很兴奋，当天晚上把一张纸写得密密麻麻要做些什么，第二天早上一起来什么都忘了。"

这就是愿景不清楚、目标不清晰导致的结果。如果一个人愿景不清楚，那他的热情是没法出来的，如果这个孩子真的知道他要什么样的成果，无论短期的还是长期的目标，他都会产生强大的动力。

愿景设定，有一个非常重要的观点，就是身份定位——我是谁？

拿破仑的希望之星

在拿破仑还是一个单纯的小孩时，一次家族聚会中，他的叔叔问他："你将来长大想要做什么？"拿破仑听后，一向苍白的脸颊红润起来，双眼放出异彩，滔滔不绝地讲述了心中构想已久的伟大梦想。他要建立一个前所未有的超级大帝国，他要戴上皇帝的皇冠，为他的人民造福。

显然，在大人看来，这只不过是小孩子说大话罢了。拿破仑的叔叔听完他的梦想之后，当场大笑不已。他指着小拿破仑的额头，嘲讽地说："你这是空想，你所说的一切全都是大大的空想！想当法国皇帝？不可能，绝对不可能！依我看，你长大之后，还是去当一个小说家好了，那样反倒更容易实现你的皇帝梦。"

小拿破仑被叔叔一阵奚落，非但没有生气，反而静静地走到窗前，指着天空，认真地问："叔叔，你看得到那颗星星吗？"

这时还是白天的正午时分，拿破仑的叔叔很诧异地走到窗前，茫然地说："什么星星？现在是中午，哪儿能看到星星。孩子，你不会是疯了吧？"面对怀疑自己疯掉的叔叔，小拿破仑镇定地说："就是那颗星星啊！我真的看得到，它

第3章 三个维度：爱的思维、爱的心态、爱的行为

高挂在天边，不分日夜，光彩流转。一直为了我而闪烁着。那是属于我的希望之星。只要它存在一天，我的梦想就永远不会破灭，我期待的幸福生活一定会实现。"

叔叔瞬间明白了这个毛头小子的想法。他郑重其事地拍拍拿破仑的肩膀。

事实上，那颗希望之星一直闪烁在拿破仑的心中。凭借着梦想的那颗星的引导，拿破仑最终成为法国的皇帝。

是啊，拿破仑并不完美，他性格上也有缺点，但他从不曾畏惧梦想。最终，他在希望之星的引领下，走向梦想的目的地。拿破仑的成功是因为他从小就是一个愿景清楚、目标清晰的人。

然而，很多家长和孩子搞不清楚"我是谁"。孩子每天上学迷茫，家长也爱得很迷茫。因此，我们要为人生制定一个清晰的方向。这就是愿景的核心任务——明确"我是谁"。这个身份定位非常重要。当孩子的愿景是学习成绩排在班级前二十名时，当孩子的愿景是要成为负责任、敢担当、有魅力的班长时，他真是想要达成这个结果时，他的动力就出来了。

家长呢？你是谁？怎么进行身份定位？我们的第一堂课不是讲课，而是反复问家长一个问题："在这个成长班里面，你想获得的价值和好处是什么呢？"同时，要求家长每个人写出对他来说想要获得的三大好处。大部分家长希望要自我成长，能够帮助到孩子，让孩子学习成长能够更加幸福快乐，让家庭更加和谐。在幸福家庭规画落地系统，家长的身份定位

让爱回家 幸福可以来"规画"

参加亲子关系第一课的家长在老师的指导下积极主动地参与课程互动。

第3章 三个维度：爱的思维、爱的心态、爱的行为

是——"我是一个教练型的父母，我是一个自我成长者，我是一个让爱流动的传播者，我是爱的使者。"

无论成人还是孩子，当这些明确的身份确定了以后，才能实现一个人的自由选择，真我价值。

幸福脚步

为了达成目标我要如何做？我知道自己到底为什么而做吗？此刻我的感受是？今天我要感恩的是？今天我要向内看，向外突破的是？

活出真我不仅是孩子成长的第一步，更是每个家长自我成长的第一步。真实的表达，真实的行动，脑、身、心的和谐是改变自我动力的关键。因为发自内心的行动，没有外在的压力，展现出来的是真实的力量。

目标——言必信，行必果的承诺

一个人有了愿景，就有了身份，有了内在的动力。有了愿景就需要把它细化，变成目标——这是我们的第二个关键词（如下图）。

让爱回家 幸福可以来"规画"

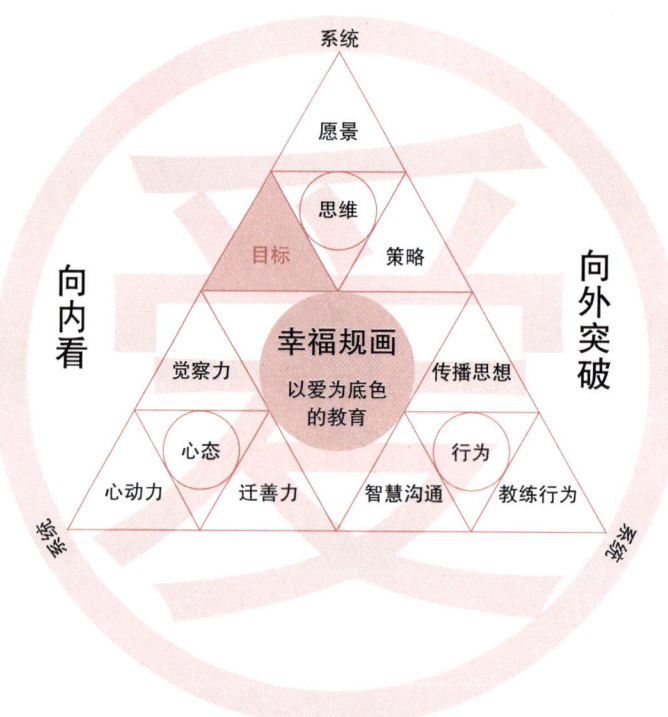

幸福家庭规画落地系统模型图

如果愿景是一个长远目标的话，那我们所说的进入班级前二十名就是一个短期或中期的目标。在做幸福家庭规画的过程中，我们发现，只有把目标搞清楚，人才会踏踏实实一步一个脚印走下去。

我们接着分析"进入班级前二十名"的目标：

第 3 章 三个维度：爱的思维、爱的心态、爱的行为

愿景与动力（二）

进入班级前二十名要达到什么样的分数，这个非常清楚。或者以前的第二十名是多少分，是什么状态，把他当作你的榜样。找榜样，向他学习。

目标如何细化呢？

第一，作业独立完成，保证全对。

第二，作业按时完成。晚上十点之前，作业全部完成，自己检查。这个清不清楚？非常清楚。这是每天的内容。

第三，关于学习的流程规则是什么呢？每天晚上预习，复习。那预习，复习怎么做呢？晚上一回家，第一件事，把文具盒、书、本子拿出来，开始把当天的作业进行分类。然后从语文、数学开始，先写书写的，每个字写干净，整齐。写完之后，自己检查。好，换下一项。

目标达成不了有三个原因：

一是心中有目标，行为上却想要自由，而且放任自己自由；

二是不把自己的承诺当一回事，随意践踏自己的诚信；

三是聚焦问题。你是不是以目标为导向去聚焦了？很多人定好今天三件事情，可能生活中突然出现一些干扰或者突发事件，马上就不聚焦了，

目标没有达成。

孩子做到了和没做到会有什么样的结果？事前有约定，事中有提醒，事后有总结。事情约定好，彼此同意，然后，我们请孩子在手册上来填上自己的承诺书，表明一定要实现目标的决心。在幸福家庭规画系统中，我们对目标的定义是承诺，一个有目标的人就是有承诺的人。

承诺背后同样有三个关键点：

第一点，是否自律；第二点，对自己是否讲诚信；第三点，是否聚焦。

我们再来看一个真实的案例。

英语"学渣"的逆袭

有位学生上完"青少年动力营"后，特意过来找我，说他回去要重新上高二，因为他高二全部是混过来的。如今，他有一个明确的目标——努力提高英语成绩。此前，他对英语是恐惧的，上英语课打瞌睡。他说："我回去就去拜访我的英语老师，跟她说，我要好好学习。"

我对他说，你能把你的承诺写出来吗？描绘一下学英语这一年有什么好处和价值。他说，自己这一年学习英语的同时，会大量刷题，来提升英语的书写能力，同时还认真跟英语老师学习口语表达。最后，他说："我将来想成为一位英语翻译，成为英语方面的专业人才。"

第 3 章　三个维度：爱的思维、爱的心态、爱的行为

我说好，那把这些写下来，签上你的名字，真正为你的愿景和梦想行动起来。

一个月后，这位学生打电话来，开心地告诉我说："连老师，我去了英语老师家，英语老师也很感动。我最近的目标是背记单词500个，现在已经背记200个了。"

承诺就是说到做到，说了不做仅仅是一次宣言而已，宣言重"言"，承诺重"承"。言必行，行必果，真正的承诺是行而有果。承诺为他人提供了一个度量自己的标准，当我们向某人承诺的时候便告诉别人我们的宣言，让别人来检视我们说到做到的行动。当你将心思和精力集中在承诺上，在期限内达成目标，这便是"一诺千金"。

1.承诺第一步——学会自我管理

人为什么要承诺？是讨别人的喜欢，还是为了达到物质上的目的？如果是为别人做，就会被外在的力量牵动；是为了达到某种利益，例如我承诺明天还钱，是对自己信用进行承诺，我承诺做一个快乐的人，是对自己人生进行承诺。是自律的表现，和外人无关。

我们认为自律就不自由，这是一种误解。一位妈妈教育孩子说："你可以拥有愿意弹钢琴就弹，不愿意就不弹的自由，选择弹钢琴就拥有了未来能行云流水般驾驭音符的快乐。"自由和自律不是对立的，可以说自律带来了更大的自由和选择的机会。

在家庭教育中，有一个基本法则：能直接影响到孩子行为的人就是父

让爱回家 幸福可以来"规画"

亲子关系第一课结束后,学员们获益匪浅,一位家长与伙伴幸福地相拥在一起。

第3章 三个维度：爱的思维、爱的心态、爱的行为

母。孩子不会按照你的道理做事，而是跟随父母的行为去做事。在团队管理上，我们一致认为最有效的管理形式，是自我管理。所以，最有能力实现承诺的是我们自己。任何对他人的承诺，本质都是对自己的。一切承诺从自律开始。

2.承诺第二步——不辜负他人的期待

当我们给别人一个承诺宣言后，这个人会期待你的兑现。承诺是一个心理合同，是一个非正式契约。当我们没有兑现行动去完成承诺宣言的时候，就打破了别人对我们的期待，让别人对我们产生失望，继而对我们的话产生怀疑，最后不相信我们这个人，甚至会记恨我们。在家庭教育的培训中，我们看到一些婚姻破裂，其中比较普遍的原因是一方转移恋情，在行动上违背了当初的承诺。有的甚至形同陌路，反目成仇。

信口开河，言而无信，是对承诺最大的破坏。请大家注意的是"期待"使我们会提高对对方的期望值。如果提高了期望值却没有兑现承诺，会在对方内心留下"不信任"的印记，这也是让自己内心没有力量的关键。

曾子杀猪

曾子是孔子的学生。有一次，曾子的妻子准备去赶集，由于孩子哭闹不已，曾子妻许诺孩子回来后杀猪做肉给他吃。曾子妻从集市上回来后，曾子便捉猪来杀，妻子阻止

说："我不过是跟孩子闹着玩的。"曾子说："和孩子是不可以说着玩的。小孩子不懂事，凡事跟着父母学，听父母的教导。现在你哄骗他，就是教孩子骗人啊！"于是曾子把猪杀了。

诚实守信，说话算话是做人的基本准则，若曾子食言不杀猪，家中的猪保住了，却在孩子纯洁的内心上留下人可以不遵守承诺的印象。

3.承诺第三步——排除外部干扰

很多时候承诺难以实现，是因为有太多的诱惑和干扰，让我们偏离目标。有一个重要公式：

表现=潜能-干扰

一个潜能巨大的人，因为干扰因素阻碍了发挥，降低了表现，最终达不成目标。

孩子学习好的秘密是一切以目标为导向，所有与目标不一致的信念和想法，都是干扰。这些干扰，不一定是外人去阻止你实现目标，更多地表现在每个人的内心的信念和心态——内心对话。如果孩子有坚定、必胜的信念，就会拒绝干扰，不断超越。很多孩子跟我分享，自己有拖延的习惯，是因为内心有"没关系，他们是不会在意的"，"没关系，可以再玩一会，也不是很重要"等自我安慰的话语或者是自我放松的心理暗示。被干扰牵着走了，承诺无法兑现，留给别人的是不信任，留给自己的是内心

第3章 三个维度：爱的思维、爱的心态、爱的行为

的愧疚和能量的下降。

实现承诺就是通过沟通，排除干扰，聚焦目标，把心思放在实现承诺的目标上去行动。家长成长班的核心是：自我成长、通过自我成长实现家庭幸福并引领孩子。每天家长在群里读信念、写日记、记录案例，大家相互支持、陪伴、检视。把行动聚焦在目标上，很容易能实现自己的承诺，当自己的承诺兑现时，每个人内心是喜悦的，充满力量的。

总之，如果将人生比作一块拼图，愿景就是整个拼图要拼成的图画，它的样子存在于我们的内心。拼图必须一块一块来拼，人们成长一岁，在相应的位置上拼成一块，人在不同阶段完成的拼图内容不同。要想实现心中的画面，就要考虑先拼什么，再拼什么，后拼什么，相互之间如何连接。换言之，要有一个明确的步骤。有了拼图，按照拼图实现愿景，拿到成果。在这个过程中，爱的心灵地图如何更清晰？感觉如何调整？如何应用爱的规律转念？如何传递能量并带来幸福感？我相信，只有长期不断学习的家庭，才会有持续不断的力量帮助孩子，引领孩子聚焦在他的目标上。

我们给孩子制定目标时，必须学会帮助孩子放大学习目标，从未来三年、五年来讲解。比如，同样的大学生毕业了，工作就像爬楼梯，A大学生目标定位是爬30层楼梯，B大学生定位爬100层楼梯。十年以后，A大学生爬了40层楼梯，请问他的目标达到了没有，显然是达到了。而B大学生目标是100层，用十年爬到了70层，他跟A大学生的差距大不大？很大，虽然B没有达到100层，但他达成目标所实现的成果比A多得多。目标制定，不仅是为了短期的成果，更重要的是为了实现自我的超越。作为家长，我们一定要不断唤醒孩子心中的愿景，然后让他制定围绕愿景的目标。把愿

让爱回家 幸福可以来"规画"

亲子关系第一课课程结束后,获得荣誉证书的学员站上领奖台与大家一起分享他们的喜悦。

第3章 三个维度：爱的思维、爱的心态、爱的行为

景就定在那里，成为一幅画面。所以，我们规画的"画"，不是通常所说规划的"划"，是通过人性成长的规律，通过制定规画来实现心中的那幅蓝图，这就是我们规画的定义。特别请读者从这个意义来理解我们所讲的规画。

过去谈规划，就是目标、行动和成果。很多人成果达不到，不仅调整自己的行为，还改变自己的目标。而在幸福家庭规画体系中，我们的目标制定好了，当结果达不成的时候，根本不要改变目标，而是以成果为导向，不断调整我们的状态，然后去支持我们的行动，最终实现我们的成果。

幸福脚步

我不把握自己的命运，别人就会来把握，有目标就要有行动。我如何理解这句话？生活中我是如何做的？此刻我的感受是？今天我要感恩的是？今天我要向内看，向外突破的是？

目标一定要写在纸上，贴在墙上，每天去看。然后用后面书中介绍的"目标实现7步图"来实现。

所以，规画最重要的核心还是向内看，向外突破。规画的内在就决定了外在的行为和成果。在思维系统这个层面上我们不但有愿景，把远期的那个点描绘出来，还有目标和策略方法。过程中，我们不断调整自己的心态，启发我们的智慧，最终让我们在潜移默化中实现我们的人生成果，这就是规画的价值。

策略——做有使命有担当的责任者

我们说有目标的人千方百计,没目标的人千难万难,所有的方法与策略都是基于我们的愿景和目标制定的。

我们发现一个很有趣的现象,学习过我们寒暑假"青少年动力营"的孩子,开学后进辅导班的人越来越少。他们会主动定好目标,学习过程中主动跟老师交流,遇到难题也会主动去找老师。显然,他们掌握了找身边的榜样和学习资源的策略和方法。

从讨厌学霸到欣赏学霸

有一位学员,他的同桌就是一个学霸,之前,他非常讨厌同桌,因为她每次考试后都炫耀自己的成绩。但是训练营结束以后,他马上跟同桌建立了良好的关系,不但懂得去欣赏学霸,他的学习效率和做题的质量也提升得非常快。

故事中的这位学员,掌握策略方法后,突然发现资源就在身边,把对立的关系变为支持的关系,他获得了支持。

策略方法的背后是什么?我们认为是责任,对自己的愿景、对自己的目标负责任(如下图)。

第3章 三个维度：爱的思维、爱的心态、爱的行为

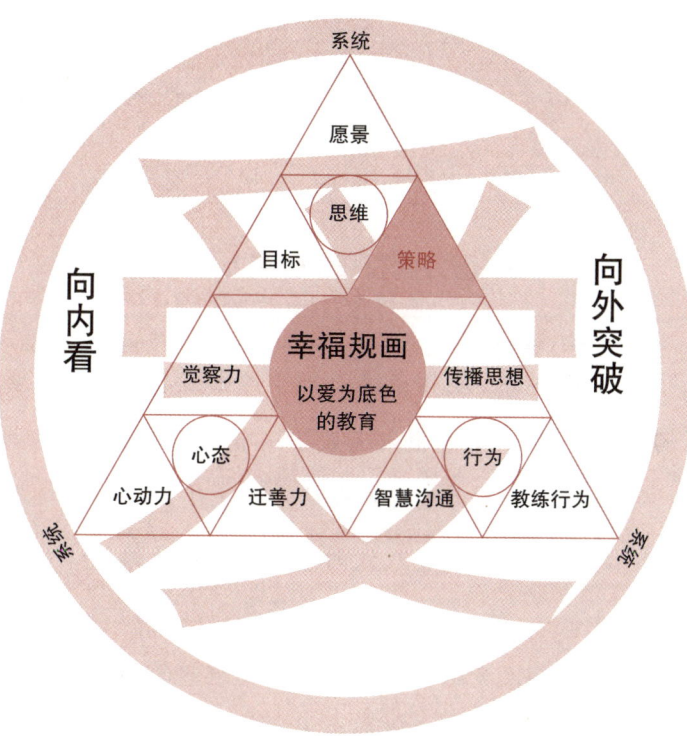

幸福家庭规画落地系统模型图

幸福脚步

我不把握自己的命运，别人就会来把握，有目标就要有行动。我如何理解这句话？生活中我是如何做的？此刻我的感受是？今天我要感恩的是？今天我要向内看，向外突破的是？

责任是什么？责任是一种担当，是一种付出。家长如果逃避养育子女的责任，孩子就难以健康成长；老师如果

敷衍塞责,就会误人子弟;医生如果不负责任,就会由"白衣天使"变成魔鬼。责任是社会秩序的基石,是维系个人生存与发展的根本。远离责任,也就远离了幸福。

因为我在那个位置上

几年前,美国著名心理学博士艾尔森先生对全世界在各领域中的100名杰出人士做了一项问卷调查,调查结果让他十分惊讶——其中61%的成功人士承认,他们所从事的职业,并非他们内心最喜欢做的事,至少不是他们心目中最理想的职业。

一个人竟然能够在自己不大理想的领域里,取得那样辉煌的业绩,除了聪颖和勤奋,靠的还有什么呢?带着这样的疑问,艾尔森博士又走访了多位商界英才。其中,纽约证券公司的金领丽人苏珊极具代表性的经历,给了他一个满意的答案。

苏珊出身于中国台北的一个音乐世家,她从小就受到了很好的音乐启蒙,她也非常喜欢音乐,期望自己能够一生驰骋在音乐的广阔天地中,但她却阴差阳错地考进了大学的工商管理系。一向认真的她,尽管不喜欢这一专业,但学得很认真,每学期各科成绩均是优异,毕业时被保送到美国麻省

第3章 三个维度：爱的思维、爱的心态、爱的行为

理工学院，攻读当时许多学生可望而不可及的MBA。后来，成绩突出的她，又拿到经济管理专业的博士学位。

如今已是美国证券界风云人物的她，依然心存遗憾地说："老实说，至今为止，我仍说不上喜欢自己所从事的工作。如果能够让我重新选择，我会毫不犹豫地选择音乐，但我知道那只能是一个美好的'假如'了，我只能把手头的工作做好……"

艾尔森博士问她："你不喜欢你的专业，那为什么你仍然学得那么棒？你不喜欢眼下的工作，为什么你做得又是那么优秀？"

"因为我在那个位置上，那里有我应尽的职责，我必须认真对待。"苏珊的眼里闪着坚定，"不管喜欢不喜欢，那都是自己必须面对的，都没有理由草草应付，都必须尽心尽力，那是对工作负责，也是对自己负责。"

在艾尔森随后的走访中，更多的成功人士所谈的认识，与苏珊的思考大致相同——因为种种原因，我们常常被安排到自己并不十分喜欢的领域，从事了一份自己在内心里并不十分爱好的工作，而又一时无法更改。这时，任何的抱怨、消极、懈怠，都是不足取的。唯有把那份工作当作一种不可推卸的责任担在肩头，全身心地投入其中，才是正确的选择。而成功，就是从那份对职业的忠实与认真中一点一点地

演绎出来的……

苏珊的话很耐人寻味——"因为我在那个位置上",凝聚了她对自己所从事的工作的敬重,凝聚了她不甘平庸的理念。正是她的这种"在其位,谋其政,成其事"的敬业精神,让她取得了令人瞩目的成功。很多人常常无法改变自己在工作和生活中的位置,但完全可以改变其对所处位置的态度和方式,自然,也会因此找到许多的乐趣,拥有一份骄傲的人生。

在规画教育中,我们认为真正负责任的心态有三种:一是关注周围的事物和生命;二是关注自己,不把目标放在别人身上;三是为自己的行为负责,每个人的行动都是自己选择的结果,任何外在因素都不是推卸责任的理由。

1.负责任要无分别心平等对待

世界上有两种"教"不可信:一种是计较,一种是比较。我们不仅喜欢比较物质,也喜欢比较人。有个笑话是这样讲的:有一个女人,上得了厅堂,下得了厨房,温柔美丽,贤惠大方,这个女人的名字叫——别人的老婆;有一个孩子,学习好,工作好,既孝顺又懂事,这个孩子叫——别人家的孩子。

人一旦有分别心,就会失去初心,好坏来了,对错来了,烦恼来了,好恶也来了。生活中,事情发生了,按照事件的发展,产生了符合自己预

第3章 三个维度：爱的思维、爱的心态、爱的行为

姜萍老师在课程现场优雅地与学员分享幸福家庭规画落地的智慧。

期或超越预期的结果就产生美好的感觉,能量就上升;反之,产生坏的结果,就会生出怨、恨、恼、怒、烦。例如:这个孩子一点都不可爱,真讨厌;这个人做尽坏事,我很仇视;他声音粗哑,我很厌恶;人们用财富作为幸福生活的标准,等等。分别心常常令我们陷入痛苦和烦恼之中。

分别心从何而来?答案可能会让很多人不安,分别心来源于知识。孩子生下来,自我的认知中是没有对错和善恶标准的,是社会、家庭、学校教会了很多标准,外在的知识学得越多,分别心就会越大。在知识领域,人类迷失了自己。现代社会,人们不可能不学习知识,那要如何没有分别心呢?要从人的本性、真实的生活来修炼自己的智慧。

2.真正的负责任是主动负责

幸福家庭规画的家长成长班,一位妈妈很开心地分享了一个故事。

当我主动负责任时,一切都在变好

有一天晚上,我开车去接女儿下晚自习,因为雨太大,开车有看不到的盲区,结果不小心撞到了一对着急过马路的母女。

女孩扶着脚很痛苦地说:"碰到脚了,疼!妈妈,疼!疼!疼……"

那位母亲情绪非常激动,大声指责我怎么开车的。那一刻我也很担心,但是内心很平静地请母女上车,开车送她们

第3章 三个维度：爱的思维、爱的心态、爱的行为

去医院。

一路上，那位母亲喋喋不休地指责着，我看了看自己的女儿，发现她被吓得脸色发白。

到了医院，医生帮女孩看脚时，那位母亲看到我主动把孩子的赤脚握在手里时，她平静了很多。随后，又看到我楼上楼下挂号、找医生、缴费，一直忙不停。她也就慢慢平静了下来。

医生说没什么大事，就是扭了一下，回去静养一周，开点药就行了。

整个过程中，我女儿看到她们家人陆续来到医院，而且都是着急愤怒的样子，被吓哭了。但到后面女儿也平静了下来。

最后，那位母亲或许也感到愧疚了，向我表示了感谢，说她当时心里着急，说了一些不好听的话，请我谅解一下。我笑笑说："都是做妈妈的，我能理解你的心情。"

回到家，女儿说："妈妈，你好厉害，要是以前遇到这种事，您早就给远在部队的爸爸打电话了。"我明白，就在刚才，女儿看到妈妈负责任的一面了。

此后，女儿愿意支持我做很多事情，她自己的事情也很主动、负责任，我问她怎么会有这么大的变化？女儿笑着说："我老妈这么厉害，女儿是老妈的超级粉丝，当然要以

妈妈为榜样啰！"

我心中很惊喜，以前跟孩子经常为了学习或生活争吵不停，现在突然发现，当我主动去负责任的时候，一切都在变好。

当你主动负责任时，心情是轻松的、平静的，思维是清晰的，不会心生怨恨，不会有压迫感，外在的表现是舒坦自在的。当人们说"这不关我的事"那一刻，是在否定自己的存在，否定自己的重要性。推卸责任的人，已经在心中让别人把自己打倒了。一切负责任的人，不会受他人和外在环境的压力影响，而是以主动的姿态，令外界感受到其内在的责任心和无法抗拒的影响力。

总之，负责任一定要有所行动。其实负责任有时候就是一种心态，当我愿意为所发生的事负责任时，事情的结果就不一样了。

3.负责任不是争对错

当你开车不小心同别人的车相撞，对方跳下车来，声色严厉地指着你的鼻子说："你要负责任。"你诚恳地回应："是的，我负责。"你认为情况会怎么样？他不会罢休，会继续追究你的责任。本来他说负责任，你已经负责任了，可是事情为什么还没完呢？原来，他说的根本不是负责任，他想表达的意思是："你撞了我的车，是你的错，你要赔偿我的损失。"如果没有例外，"你要负责任"代表的意思就是"这是你的错"。其实，谁的过错与负责任是两个范畴。对错自有交警根据交通法规来判

第3章 三个维度：爱的思维、爱的心态、爱的行为

断，赔偿也会有交警来处理，为什么会揪对错呢？是我们习惯于把负责任和对错混在一起，还自以为是负责任。

我们认为，负责任公式是：

负责任=起心动念+主动负责+向内看

（1）负责任是站在完整的世界里看问题、想问题。

（2）负责任就是把责任归因到"我"，事情因"我"而起，结果因"我"而得，一切都是我自愿的，不怨天尤人、责怪他人，很负责任地接受这一切。

（3）看到问题背后的需要和机会。向内看——理上明，心上修，事上磨。理上明是思想，心上修是思维，事上磨，是要学会随时回归到原点。

运用第2章中我们学习过的向内看的思维，不难发现：

爱要向内看，就是不以当下的人生来看待未来的人生；

爱要向内看，就是要看到问题不可怕，可怕的是不知道问题的根源在哪里；

爱要向内看，就是看到情绪化教育是害，问题背后是需要和机会；

爱要向内看，就是看到孩子小问题小成长，大问题大成长，没问题就不成长；

爱要向内看，就是看到团队小问题小发展，大问题大发展，没问题不

发展，要想解决团队问题，就是不断地向前发展，全力以赴，在发展中看到希望，很多问题瞬间化解；

爱要向内看，就是看到鸡蛋快速旋转就竖了起来，家长天天发愁，不如向前看、朝前走、向前赶，问题就解决了。

爱的心态

在实现愿景、目标的过程中，我们调整的是心态，因为心态决定一切。在幸福家庭规画体系中，所有的心态，都是以目标为导向而做的自我调整。

心态系统的三个关键词是：觉察力、心动力和迁善力。

觉察力——接纳和欣赏

每次训练营结束以后，我发现孩子们都特别兴奋，因为他们觉察到自己人生的方向，看到了自己的可能性。他们愿意张开双臂，愿意接纳外面的打击挑战，过去不愿意接纳的东西，现在开始去接纳了，过去他不喜欢的人，现在开始喜欢、欣赏了。这就是第四个关键词——觉察力（如下图）。

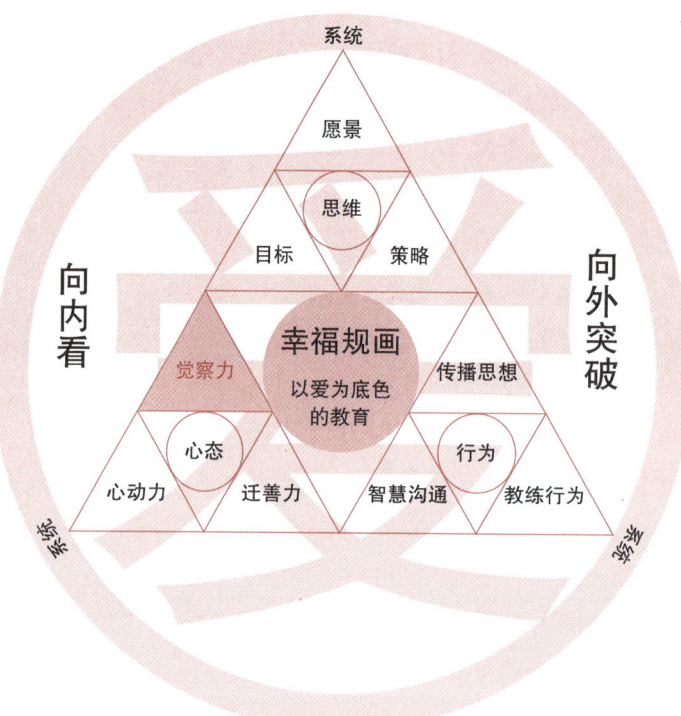

幸福家庭规画落地系统模型图

事情发生了，如果你接纳了，你的能量状态就会向上升。因为接纳所以喜欢，因为喜欢所以崇拜，因为崇拜所以信仰。

当你崇拜一个人的时候，他所说的话，你是百分之百地相信，而且会坚定地去执行。那种颠峰、激情的状态，令人兴奋。

事情发生了，不欣赏，不接纳，就进入恶性的循环——对错，对立，

第 3 章　三个维度：爱的思维、爱的心态、爱的行为

经过老师耐心地指导，原本羞涩、畏手畏脚的孩子们在精英领袖课的舞台上尽情绽放。

冲突，问题，解决，对错。这意味着痛苦。所以不接纳就会产生对和错，赢了"官司"输了人（如下表）：

创造性与破坏性能量级别的对比表

	序号	意识境界	能量频率	内心感受	生命信念	正向行为
创造性能量级别	1	开悟	700-1000	道	一切如是的	觉悟的
	2	平和	600	幸福	生命是完美的	感恩的
	3	喜悦	540	开朗	生命是完整的	喜悦的
	4	慈爱	500	敬爱	生命是仁慈的	慈悲的
	5	明智	400	理解	生命是有意义的	智慧的
	6	宽容	350	宽恕	生命是和谐的	容许的
	7	主动	310	乐观	生命是有希望的	积极的
	8	淡定	250	信任	生命是满意的	放松的
	9	勇气	200	坚定	一切是可行的	主动的
	序号	意识水平	能量频率	内心情绪	人生观点	负向行为
破坏性能量级别	10	骄傲	175	藐视	要求的	自大的
	11	愤怒	150	憎恨	对抗的	侵犯的
	12	欲望	125	渴望	失望的	奴役的
	13	恐惧	100	焦虑	害怕的	退缩的
	14	悲伤	75	悔恨	悲剧的	沮丧的
	15	冷淡	50	绝望	无望的	放弃的
	16	内疚	30	责怪	邪恶的	摧毁的
	17	羞愧	20	羞辱	悲惨的	毁灭的

第 3 章　三个维度：爱的思维、爱的心态、爱的行为

在家里是要先讲情再讲理的，所以一个通情达理的人，一般情商比较高。高智商高学历的人生活未必幸福，然而情商很高的人，能够接纳一切，左右逢源，一般会孩子快乐成长，家庭生活幸福美满。

心动力级别越高，孩子的状态就越好，热情高涨，愿景非常清晰；心动力级别越低，孩子的开放程度就越小，愿景不清楚，目标不清晰，学习意愿和学习能力相对较差。家长如何做呢？提升家长的能量级别。一个人有的时候能量状态高，有的时候能量状态低。能量状态与心境直接相关。如何提升呢？放弃低能量级的东西或经常和高能量级别的人、书籍、音乐、电影、画像、工艺品等接触。长时间让自己处在祥和喜悦、充满爱的心境，自然就会提升我们的能量级别。

所以家长成长之路的真相就是提升自身的能量级别从而支持孩子提升他的能量级别。

每个孩子都需要被鼓励

在培训生涯之前，有一段时间，我在一所小学担任语文老师，遇到某个班的语文老师生孩子，学校把教这个班语文的重任交给了我。

第一天上课，我和孩子们都感到很新鲜，大家互相介绍认识，正要上课时，我发现最后一排有个男生双腿放在书桌上，身子靠在墙上。我想他就是校长跟我说的那个捣蛋鬼，

让爱回家 幸福可以来"规画"

前任校长的孙子，从小父母比较宠爱，跟学校很多老师都熟悉，对老师没有敬畏感，让很多老师头疼不已。

我想统一孩子们的思想比上课更重要，于是把书放在桌子上，笑着说："今天不上课，我们讲故事。"教室里一片欢呼。我讲故事的声音很轻，那个捣蛋鬼大声喊"老师，我听不到"，我笑着说后面听得不清楚可以坐到前面来。于是他凑到第一排听我讲故事。一节课后，孩子们意犹未尽，感慨时间过得好快。我宣布从明天开始，作业得"优"，课堂被我表扬的孩子下午放学后可以听我讲10分钟的故事。

就这样一个星期过去了，听到故事的孩子们很满意，没听到的心里像猫抓似的。大家的作业越写越好，课堂气氛很活跃，我们的捣蛋鬼也开始热情地参与其中。但我想要的不仅仅是这样，我希望他能够真正发生变化。

在周一升完国旗的时候，我和数学老师做了交流，告诉他这个孩子的变化很大，作业、课堂纪律都值得表扬，一会儿请他到办公室好好地表扬他5分钟。进到班里我装作很生气的样子，大声、严肃地叫他名字并告诉他："教数学的张老师叫你去办公室。"他赶紧说："我什么也没做啊，我作业已经交了。"去老师办公室对他来说意味着犯错。我说："我也不知道为什么，你现在就去。"他泄气地走了出去，我关上教室的门对同学们说："各位同学，这段时间XX同

第 3 章 三个维度：爱的思维、爱的心态、爱的行为

学的表现很好，作业、书写和上课纪律都很到位，你们觉着呢？刚才数学老师叫他去就是想好好表扬他。我们想不想让他在班里表现得更好，为班级服务？想不想让他不再欺负同学，而是帮助同学？想不想让他改变？"

孩子们的心是善良的，同学们都很开心地表示愿意。"那等一会儿他进教室的时候我们怎样鼓励他？"大家兴奋起来了，有的说鼓掌，有的说拍桌子，有的要拍桌子鼓掌还要大声喊他的名字。

当我们的捣蛋鬼从办公室出来的时候，他开心极了，像只小鸟一样滑着S形飞到了教室门口大喊一声："报告！"想想这孩子也不容易，四年来调皮捣蛋，被老师批评教育的次数太多，今天整整被表扬5分钟，他心里乐开了花。

我推门让他进来，给大家使了个眼色，这个时候全班同学的呐喊声、鼓掌声、拍桌子的声音响彻整个楼道。这个孩子的表情从惊喜到震惊，他慢慢低下了他的头站在教室门口，过了一会儿他又抬起了头，我知道那一刻他不想让大家看到他的眼泪。然后一步一步回到座位上坐得笔直。从那以后，这个孩子无论在哪里见到我们，都会站住大声地喊"老师好"，然后深深鞠躬。

这就是欣赏的力量。欣赏让这个孩子内在发生了巨大的变化。

让爱回家　幸福可以来"规画"

平时生活中，我们说不出欣赏的话语，是源于长期形成的思维判断。比如：好坏、美丑、喜欢厌恶。欣赏就是要超越我们的标准，不管孩子好坏，欣赏他，不管美丑，接纳他。接纳和欣赏是一种积极的心态，是对别人的肯定、认可，可以激发他人的内在力量，收获别人的热情和投入。"士为知己者死，女为悦己者容"。赏识教育告诉我们，你欣赏他，才会重视他，懂他才会更好地爱他。

1.爱从欣赏开始

什么是爱呢？爱首先是一种感觉。我们做任何事情，都是为了实现某种感觉。比如给父母买房子，是为了实现心中的爱的感受，我们给孩子买衣服是为了实现做父母的爱，甚至我们给乞丐钱也是为了实现心中的爱的感受。

幸福脚步

当我怀着感恩的心去行动的时候，我内心的感觉有什么不同？感恩提升了我怎样的能量状态？我的感受是？此刻我的感受是？今天我要感恩的是？今天我要向内看，向外突破的是？

爱是一颗感恩之心，爱是一个周而复始的过程。爱的目标有自己，同样重要的还有身边的人、事、物。欣赏是从内心深处表达一份爱，不懂得欣赏别人的人，是已经将爱尘封在心底，放弃了爱的能力。接纳、欣赏之爱是发自内心的真爱。

第3章 三个维度：爱的思维、爱的心态、爱的行为

打开心中的疑惑，放下心里的纠结，在接触幸福家庭规画落地系统课程后，家长的脸上露出了真诚幸福的笑容。

2.每个人都有闪光点

接纳、欣赏就是看到他人的优点,看到事物的好处,而不是去判断对错和好坏,不去评价美丑和善恶。

我有幸聆听了世界著名演说家、激励大师约翰·库提斯的演讲,他是一个先天没有双腿的人,但是他活得比正常人更有价值。他说:"我身体的残疾是可以看见的,但有很多人心里的残疾是看不见的。"用普通人的衡量标准来看,约翰的身体存在很大的缺陷,更不用谈完美了。然而,约翰又是完美的,他的精神,他对身边人的影响,超过了无数身体上比他完美的人。他很感恩自己还活着,就是这种所谓的不幸成就他的人生并且影响了千千万万人。他让很多人开始学会爱自己,欣赏自己,对自己的一切都要敝帚自珍。珍惜别人是欣赏别人的闪光点,如果始终站在自己的角度去看问题,就是站在自己的位置去理解别人,那就永远理解不了别人,无法去欣赏。

幸福脚步

今天我接纳家人、朋友、团队的行为和语言是?我欣赏我的家人、朋友、团队的是?此刻我的感受是?今天我要感恩的是?今天我要向内看,向外突破的是?

人们拒绝欣赏是因为人、事、物有缺点,然而欣赏不是因为完美,是因为特质。当我们向内看,看到他人的优点和特质的时候,就发现了他人的完美。维纳斯缺少胳膊,我们却认为她是完美的。

第3章 三个维度：爱的思维、爱的心态、爱的行为

爱要向内看，就是看到"没有缺点，只有判断；没有缺点，只有特质；没有缺点，只有珍惜。珍惜才会欣赏，欣赏就是爱。"

爱要向内看，就是看到生活中不缺乏美，而是缺乏发现美的眼睛以及欣赏美的心灵和创造美的情怀。

3.接纳、欣赏的心动力级别

前面我们说到了教育的前提，就是提升孩子的安全感和自尊心，因为所有的不足和缺点都包含在自尊心里面，接纳孩子所谓的不足和缺点，爱就开始了。生活中经常否定别人的人，肯定不是一位善于欣赏的家长或领导者，因为他表现出来的是拒绝，流露出来的是"我在你之上"的居高临下。欣赏的表现方式不是拒绝，而是接纳。

我们团队老师第一次做大型年会，经验不是很足，虽然有不到位的地方，但他们为晚会投入了所有的热情和精力，是值得欣赏的。欣赏是接纳自己、接纳对方这个人，从中欣赏到这个人的优点，一个赞许的眼神，一个会心的微笑，一次友好地拍肩，一句鼓励的话语，接纳就产生在不经意间，发自内心，心

幸福脚步

感恩我亲爱的爸爸妈妈，是你们给我生命，养育我、鼓励我、欣赏我、肯定我、支持我、理解我、陪伴我，我感恩你们给我的一切，你们给予我生命就是给予我最大的爱。我一辈子都感恩不尽！此刻我的感受是？今天我要感恩的是？今天我要向内看，向外突破的是？

领神会。

孩子被父母接纳了，才会喜欢父母，喜欢才会崇拜父母，崇拜了才会感恩父母，感恩父母了才会对父母产生信仰。

接纳、欣赏就是发现生活的美，他人的美，世界的美；欣赏就是珍惜和孩子相处的每一瞬间，接纳孩子的不足和缺点；欣赏就是为孩子搭建一条安全的港湾，抚慰他们的心灵，扩宽他们心胸格局，实现幸福人生。

心动力——付出和索取

心动力是三大维度的第五个关键词（如下图）。

第3章 三个维度：爱的思维、爱的心态、爱的行为

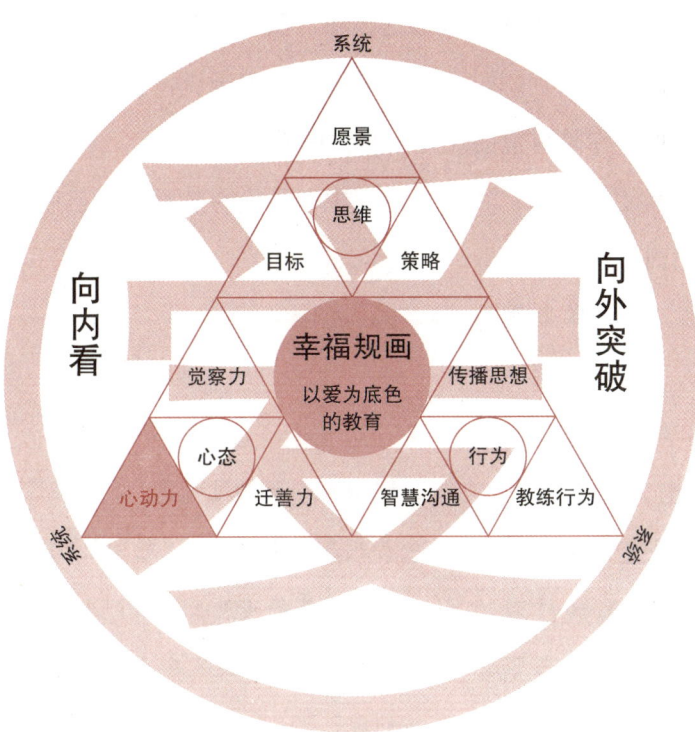

幸福家庭规画落地系统模型图

有的家长来学习，说以前没学习，跟孩子交流是骂也就骂了，说也就说了，现在学习以后就不敢说话了。家长感到很委屈。我说，这是好事，因为这是开始自我觉察了，开始有成长了。就像我们读书，先把一本厚的书读"薄"，再把一本"薄"书读厚。先把我们过去的信念、经验拿出来，进行一些梳理，然后变成我们实用的智慧。

也有家长说，我为孩子付出这么多，孩子不但不感恩，对他自己的事也不负责任。在觉察训练时，我会对这样的家长说，你为孩子付出很多，请问付出过程中你是喜悦的还是不喜悦的？

家长思考了一下说："付出过程中，我没有感觉到自己有多喜悦，是生活中自然而然去做的。"

我说："我举个简单的例子，你来觉察一下。你要学会做区分，什么是付出，什么是索取。"在公交车上，一位老太太颤颤巍巍拄着拐杖上来，年轻人赶紧说"大妈，来，您坐到这里来。"老太太慢慢地坐下去，没说谢谢，头也不抬开始闭目养神了。如果你是这个年轻人，你会有什么想法？如果年轻人站的角度是去帮助这位老人，他这样做的出发点完全是考虑对方，考虑老人家别摔着，那他就是付出，如果他的焦点是想通过帮助对方而得到某种好处，比如对方说"谢谢"，那他就是在索取。

两个人相恋，其中一个人很抱怨地说："我对你已经很付出了，你为什么还是那样对我？"好像我们"做什么"的目的是为了对方相应的回

幸福脚步

在我付出的过程中，我是否计较个人的得失？我是否要求物质上的回报？我是否能站在双赢、多赢的角度去付出？此刻我的感受是？今天我要感恩的是？今天我要向内看，向外突破的是？

第 3 章　三个维度：爱的思维、爱的心态、爱的行为

报。当对方没有按照自己的期望来回报，就产生失望和抱怨，认为自己的付出恰如一江春水付之东流，白费了心思、精力和金钱。

付出是为对方考虑的真心，是一种开放的心态。规画教育思想非常经典的一句话：我建议，你选择；你选择，你承担；你承担，我陪伴。

请觉察一下，生活中，为爱人、孩子付出，当你的付出他们并不领情的时候，你的感觉是什么样的？有家长说："当然我是感觉到很愤怒，觉得很不受尊重。"

事实上，这不是尊重与否的问题。付出的人，内心应该是喜悦的，是心甘情愿的，不是为了获得别人的赞美而去做那件事，而是基于我想去做这些事去做的。

这就是心动力！付出的差别不是在行动上，别人也在洗衣做饭，别人也在努力赚钱，努力工作，可是有的人活得很纠结，有人活得很幸福，差别在哪里呢？在心态方面，一个是喜悦的，无我的；一个是不喜悦的，总是计较得失的。

这位家长马上明白了。在过去的家庭生活中，我们经常要求这个，要求那个，结果做得越多，爱人和孩子跟我们距离走得越远，今天才发现，原来过去我们做到的这一切被当成筹码去要求对方也做到。

从今天开始，学会向内看，向外突破。当你做的一切不是基于对方也要为你做些什么，而是基于你的心甘情愿，让自己幸福地活着时，那么，你人生的路就更宽了，人生就会越来越喜悦。

让爱回家 幸福可以来"规画"

连亮老师在家文化咨询服务中心与学员们进行深入的互动。

第3章 三个维度：爱的思维、爱的心态、爱的行为

1. 付出需要一种开放的心态

幸福家庭规画的家长班上，有一个学员分享说，以前在家里，她经常抱怨老公和孩子，认为他们不理解她。她为这个家付出很多，却发现他们离她越来越远。

学习之后她突然明白，作为一名妻子，她所做的一切并不是心甘情愿的，她所有的付出是想获得某种肯定和认可的，这不是真正的付出。当她了解了什么是真正的付出后，快乐地去做每一件事，家里气氛很好，能量场很高。

在家庭中，索取心态体现在三个方面：一是做任何事情的出发点是满足"我"的需要，对方提供的满足稍有欠缺，就开始指责抱怨；二是"我"的需要永无止境，哪怕得到了再多，依然是不够的；三是"我"有能力，但是不愿意拿出来，即使拿出来，也必须先弄清楚"我能得到什么"。

夫妻俩吵架，都在争辩自己为家庭做了多少事情，争论不休，抱怨付出和得到的不成比例，抱怨对方索取的太多。一位民政局的学员告诉我们，每年过年后很多夫妻到民政局排队离婚，调解过程中才发现大部分是因为过年回家给自己原生家庭买东西的多少发生了冲突。他们的焦点放在了物质上，忘记了付出有时候是一种心态，和物质的多少没有关系，和自己的真心有关系。

索取的焦点是自己，是"你能给我做什么"。付出思考的起点是他人，凡事为别人考虑，善于成就他人，付出不一定是要拿出什么物质上的

东西。索取是把"我"放在中心,付出是把"你"放在中心。无论做什么,心态在"你",就是付出,心态在"我",就是索取。

2.付出也要有心态和身份上的转变

付出的形式有很多种,付出的对象各不相同。对子女的爱,是父母独特的付出方式;对下属的关心,是领导者培养人才的付出;资助失学儿童,是慈善之心的付出。尽管付出的内容和形式千差万别,有一点是相通的,那就是付出的人在付出时,内心是充满喜悦的。

读过下面这首诗便理解了什么叫付出的人的当下是喜悦的。

牵一只蜗牛去散步

上帝给我一个任务,叫我牵一只蜗牛去散步。

我不能走得太快,蜗牛已经尽力在爬了,每次总是挪那么一点点。

我催它,我唬它,我责备它,蜗牛用抱歉的眼光看着我,仿佛说:"人家已经尽了全力了!"

我拉它,我扯它,我甚至想踢它,蜗牛受了伤,它流着汗,喘着气,往前爬……

真奇怪,为什么上帝要我牵一只蜗牛去散步?

"上帝啊!为什么?"天上一片安静。

"唉!也许上帝去抓蜗牛了!"好吧!松手吧!

第3章 三个维度：爱的思维、爱的心态、爱的行为

反正上帝不管了，我还管什么？

任蜗牛往前爬，我在后面生闷气。

咦？我闻到花香，原来这边有个花园。

我感到微风吹来，原来夜里的风这么温柔。

慢着！我听到鸟声，我听到虫鸣，

我看到满天的星斗多亮丽。咦？

以前怎么没有这些体会？我忽然想起来，

莫非是我弄错了！原来上帝是叫蜗牛牵我去散步。

真正的付出是喜悦的。教育孩子的过程中我们往往感到力不从心，因为我们关注的是我都为你付出这么多，可是你就是不听，都在对错之中，你哪来的喜悦之情？一位母亲面对二年级的孩子写作业，母亲说了很多遍，有些字孩子就是记不住，母亲情绪就来了，耐着性子可还是压制不住，大声地"询问"："讲了这么多遍，你还是记不住，你到底认真听了没有？妈妈花时间陪你写作业，你到底要我怎么做？"母亲越说越气愤，孩子呆呆地看着妈妈，一言不发，妈妈气更大了，"你会不会说话？"母亲气愤极了。这反映了我们教育孩子时的心境，当我们付出的时候，我们真的会关注孩子的状态吗？

让孩子学习从"要我学"到"我要学"有两个条件：一方面从信念上转变，真正看到"要我学"的不足和"我要学"的价值，在心态上愿意实现这个转变，"我要学"才可能在生活中发生；另一方面，父母也要有心

态和身份上的转变,向内看,才会有向外突破——"我要学"。

3.越付出越拥有,越分享越快乐

付出是不计较得失或者物质上的回报的。真正爱孩子的人,心中既没有自己很伟大的念头,也没有别人要回报我的念头,这就是付出。

"无我"并不是否定我的存在,它有两个重要的前提:其一,我是重要的,因为我重要,所以有能力付出;其二,我是富足、足够的。与此相反,索取心态盘旋的是:我是不足够的、匮乏的。有了富足的心态才会出现"无我"的表现,你是重要的,你是可以付出的。

幸福脚步

今天我开始认可我自己、接纳我的所有,我是独一无二的,我是上天最好的作品之一。当我这样做的时候,我感觉很特别。此刻我的感受是?今天我要感恩的是?今天我要向内看,向外突破的是?

付出的程度决定于"大我"的宽度,"大我"有多大,付出覆盖的面积就会有多大;付出的效率取决于舍弃"小我"的速度,"小我"消失的有多快,付出的行动和产生的效率就相应有多快。我们在付出中体会到的不仅仅是一种快乐满足,还有一份幸福和谐。

一位学员分享自己感受到的温暖和幸福时说:

"周四下午,我到孩子学校去帮忙布置教室,快结束的时候才发现手机上有老公打来的9个未接电话。电话打过去老公很气愤地说:'怎么不

第3章 三个维度：爱的思维、爱的心态、爱的行为

接我的电话？你知道我有多着急？还担心你出事呢。你怎么搞的？'

我没有着急而是平静地表达：'对不起老公，让你担心了，我在孩子学校布置教室，忘记跟你讲了。'老公没听完就把电话挂掉了。过了一会老公又一次打电话过来说：'老婆，我刚才有些着急，担心你出事所以生气了。'我听到后再次表达对不起是我没考虑周到。

挂掉电话，内心涌出一阵感动和温暖，老公以前不是这样讲话的，当我不断向内看时，能量增强，我的行动影响了他。之前我让他来听课，他说自己很忙，我没有强迫，而今天感受到他的变化，想着想着幸福的泪水就流了下来。我坚定地告诉自己，旧的一年即将过去，让我们心中充满爱的能量，来经营好自己幸福的家吧！"

越付出越拥有，越分享越快乐！

幸福脚步

一个人的成长有两个条件，一是要给予足够的时间，就像一棵树要经过十年才长成参天大树，二是生命的热情永不熄灭，不管此刻你在什么位置，内心的种子一定要向往天空，要尽力伸展自己的枝叶去触摸蓝天，去追逐天空的云彩。我有怎样的感悟？此刻我的感受是？今天我要感恩的是？今天我要向内看，向外突破的是？

让爱回家 幸福可以来"规画"

迁善力——信任的力量

第六个关键词是迁善力（如下图）。

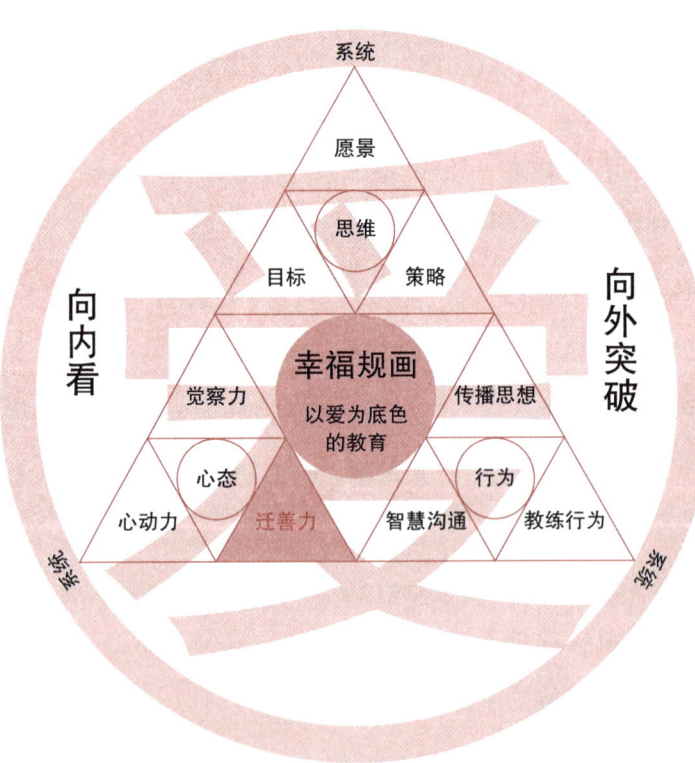

幸福家庭规画落地系统模型图

第 3 章　三个维度：爱的思维、爱的心态、爱的行为

迁善一词出自《易》："君子以见善则迁，有过则改。"意思是说君子看见好的就迁善自己，有过错就改正。"见善则迁，有过则改"，这句话很好地进行了区分，迁善不是改正，迁善是心态上迁善；改正是改正过错，是对行为进行改正，而且两者的顺序也道出了人的变化过程，只有心态上先迁善了，才可能有效地改正行为。

心态上的迁善要基于我们的目标，迁善是为了创造可能性，让我们更好地达成我们教育的目的。一句话，目标不清楚，纠结在对错好坏里，信任就出了问题。缺失了信任，如何迁善？

没有信任，就产生内耗；没有信任，相互戒备；没有信任，产生破坏；没有信任，畏首畏尾；没有信任，一说就错；没有信任，身心憔悴。家长相信孩子是放弃掌控的开始，是共同创造新生活的基础。

我经常询问家长，信任是什么？大家做了很多定义和解释，不同领域的人对信任解释有所不同。归纳起来两个方面：第一，从信念上定义信任，认为信任是一种信念，是一种自信；第二，倾向于从行为上来定义信任，认为信任是对方做到了某种行为，是对对方行为的信赖。总之每个人谈及信任的标准是不同的。

我们不去讨论信任的精准定义，只是从教练的角度去探讨信任是什么。我们的重点不是去定义信任，而是通过亲身的感受来体验信任。很多人谈到信任的时候会说"这个人值得信任"或者"这个人不值得信任"。有的人愤愤不平地说"我信任他，却被他骗了""我对熟悉的人信任，对不熟悉的人不信任"。这些话听起来似乎很有道理，也没有什么问题。因

为信任才被骗，这符合我们一贯的逻辑思维。

不知大家发现没有，上述语言有一个共同的取向，着重点在"他"，也就是说信不信任，最主要的是"他"，是"他"值得我信任，是"他"让我没有信任感，是"他"骗取了我的信任。不少人理解信任的时候，都是这样把核心放在被信任者身上，无论功过，皆是"他"的原因，"他"要为此负责。

信任真的是由"他"来决定的吗？很多人都坐过飞机，而且最近几年发生了好几次飞机失事的事件，任何一架飞机都有掉下来的可能。那我们为什么还要坐飞机？是信任飞行员，还是机械师？如果回答是，那就很难理解了，有几位乘客知道飞行员和机械师是谁？他们有什么表现让你觉着他们是值得信任的？也许有人说是信任航空公司的品牌和飞机的质量，那么失事的飞机有几架飞机不属于知名品牌的公司？在绝大多数人对飞机技术一无所知的现实情况下，有什么理由相信飞机的质量是没有问题的？

看来相信飞机不会出事与飞机没有关系，与飞行员和机械师也没有关系，与航空公司品牌也没有关系，总之与"他"无关。那与什么有关？与"我"有关系，因为这是"我相信"的。相信什么？相信自己，相信心中那个会一路平安的判断和感觉。相信自己的信心。我们认为：信任与别人没有关系，信任与自己有关。当信任的对象在自己的视线之外，大部分人会同意这个说法。比如：飞机、机械师、飞行员，都是在我们的了解之外，信任他们就是在信任自己。但是信任对象在我们的了解范围之内时，有人就不一定认可这个观点了，他们会坚持认为信任取决于对方。

第3章 三个维度：爱的思维、爱的心态、爱的行为

举例说明："你信任我吗？"

"如果你说信任我，那么请借我1元钱，好吗？"

"10元钱，可以吗？"

"100元，行吗？"

"1000元，行吗？10000元呢？"

你发现借我1元、10元甚至100元，你基本不会有犹豫。然而成千上万的时候，内心就会不安全了。为什么？因为信任与他人无关，而是你当下对自己安全感的评估，评估"安全"就信任，评估"不安全"就不信任。我们一般在"不安全"的情况下是不敢信任的。比如一位母亲焦虑担心，看到孩子伤害到自己的行为，而孩子又不自知，基于过去的沟通经验经常吵架，她担心说出来会产生冲突就逃避了。因为担心"我"安不安全，所以彼此没有创造可能性。

在生活中，我们会发现，如果我们当下评估是安全的，我们去面对这叫做自然而然；如果我们当下评估不安全的话，我们依然去面对，这才是真正的信任，就会创造彼此不同的人生状态。就像那位

幸福脚步

回到生命之初和成长的路上，看看我们遗失和匮乏的是什么，看看自己是否也像孩子一样渴望爱与被爱，渴望被接纳和欣赏，渴望被关注和重视。此刻我的感受是？今天我要感恩的是？今天我要向内看，向外突破的是？

妈妈，即使知道可能会和孩子发生冲突，依然负责任地告诉孩子她的感受和想法。因为她的信任与"我相信"有关，与孩子留给她的印象毫无关系。"我信任你，主动权在我身上，你的表现动摇不了我的信任。"

为什么我们习惯于把信任的决定权交给别人？为什么总是把受害的原因推到被信任者身上？

1. 创造还是逃避

当孩子被信任并清晰他人对自己的期望时，就会尽力达成别人的期望，而且经常有超值回报的表现和成果。信任就像发动机，在被信任者心中熊熊燃烧，推动他主动地投入。

没有一个变数，像信任一样，可以完美地影响人与人之间、群体与群体之间的行为。在一个团队中，信任能够减少和避免因猜疑而带来的内耗，能够增强团队的凝聚力。信任也像润滑剂，使得团队之间的沟通更加顺畅，使得企业上下更加齐心。

很明显，没有信任，家庭幸福无从谈起，缺乏信任，家庭成员之间只会相互戒备，彼此不愿意接受家人的批评，也不敢暴露自己的不足。缺乏信任的家庭，会出现两种情况：一种是格外的谨慎，任何人做事都会先想到保护自己，不会轻易地做有风险的尝试，得过且过，都有委屈，家庭氛围沉闷、无序；另一种情况是对一切都充满怀疑，家中弥漫着无形的硝烟，久而久之会产生破坏倾向。没有信任，大家会缩回到情感保护的"情绪外壳"中，就好像一只乌龟，只要有一点点动静，只要感到有半分的威胁，就毫不犹豫地把头缩进壳子里。

第 3 章　三个维度：爱的思维、爱的心态、爱的行为

对别人缺乏信任的领导者，一定是集多种角色于一身，在现实生活中"苦命"而劳累。一方面，万分渴望有精兵强将追随左右，一同指点江山，共同发展；一方面随时提防身边的大将，唯恐被人陷害和欺骗，决策优柔寡断，做事畏首畏尾。这样的领导者不会将核心资源交到别人手上，凡事亲力亲为，用人谨小慎微。在一个团队中，缺乏领导者的信任，有才能的人无用武之地，领导者不累谁累？

信任可以开创出崭新的局面，可以开创新的合作方式和新的生活模式，可以开创出更有效的方式，可以使干扰降得更低。一位参加"精英领袖动力营"的孩子分享：是教练的支持、陪伴、信任和鼓励让我们这些没有梦想的孩子看到了未来。刚开始我们彼此并不信任，都不愿上台展现自己，我们怀疑一切，怀疑教练老师们就是想当爸爸妈妈的说客来讲道理让我们改变。可是八天，短短的八天，我们成为了一家人，我们明确了自己的人生目标，创造了一个崭新的自我和团队，原来我们还有这样的人生成就，原来我以前一直活在自我的世界里。我可以把这里的能量带回生活学习中去创造、去影响，实现自身更大的价值。就像教练所说："要创新，先创心。"信任的价值是创造，创造一种新的关系，创造一种新的生活方式，创造出远远大于个人能量的团队张力。

2.害怕还是面对

为什么人们习惯于将信任的决定权交给别人？为什么有人总喜欢讲"你骗了我，我再不信任他了"这类归因于外的话？答案很简单：不敢相信对方。

为什么不敢相信？问题的根源是他们心里存在着一种恐惧感。恐惧表现在两个方面：一是没有安全感，害怕被别人欺骗，害怕被人玩弄，害怕自己不能掌控局面，害怕事情的发展超出自己熟悉的范围；另一种是产生遗弃感，对自己的能力不肯定，不敢将权力移交给能力强的人，担心有朝一日被取代；对自己的定位不自信，不敢把至关重要的资源与人分享，担心别人掌握了这些资源而变得强大，随后将自己抛弃。

对自身不自信，从而缺乏安全感，没有安全感，更加不相信自己。这个内在恶性循环的形成，与人们依靠别人来获得自我肯定有很大的关系。人的成长过程是这样的：生活在特定的环境中，环境将各种信息输入到我们的意识，形成固定的想法，然后去定义生活和自己。问题是任何信息都会有局限性，人们也经常产生错觉，尤其是在孩提时代。局限性的信息和错觉形成的想法，经常是片面甚至会错误的。我们经常将被他人认可时我们的心理需求当成常规，把部分需求当成了自己的全部，完全依赖这种需求确定自己的套路，以至于把太多塑造自己的权力交给了别人。

没有安全感的人十分在乎别人对自己的看法和态度，在开放和保护两者之间，他会选择保护。拒绝信任别人就是一种自我保护，保护自己不受伤害，以此来获得内在的安全感。

不安全感是内在的感受，被遗弃感也是内心的活动。被社会抛弃的人往往是自我抛弃的，因为一个自信能与社会同步的人，会想方设法跟上社会的脚步。然而，很多人都理解错了，以为是他人的成长抛弃了自己，所以就为自己建了一堵厚厚的保护墙，拒绝对别人的信任和欣赏，不让他人

第3章 三个维度：爱的思维、爱的心态、爱的行为

靠近，不让他人走近自己的内心世界。殊不知，没有人能够阻止得了他人成长的愿望和行动，不被抛弃的唯一办法，是让自己快步成长，千万别抛弃了自己。

不安全感和被遗弃感令人心生恐惧，一旦恐惧超过了自信，人们就会在自己与别人之间设立一道防线，不信任便产生了。

所以，相信别人是相信自己的结果。诸葛亮相信孟获，本质上是他高度自信，他不怕欺骗，他不会因为孟获骗他而受伤害；相反，他相信有能力再次擒孟获，相信最终会感动孟获。不信任他人的人，根本上是不相信自己，以一种消极保守的方式来获得安全、克服恐惧。很多家长很害怕孩子作业写不完，害怕孩子在学校闯祸，害怕孩子不听自己的话，害怕孩子没有礼貌，于是更多的要求孩子，哄骗孩子，恐吓孩子，打骂孩子，给孩子讲道理，等等。其实这些都是因为害怕自己掌控不了。

"因为信任，所以被骗""你不值得信任"，这些都是对信任的表层理解，也是对信任的误解，由于这些误解，我们建立了一系列错误的信任基础，并且开始不相信所有人，开始怀疑信任。怀疑过后就是对信任的惶恐。

有一位培训学校校长感慨地抱怨，没有人值得信任，因为他的两个招生主任卷款而走，找不到任何证据，生源也被拉走了一部分，这让他心灰意冷，从此他对人才的信任也一律封杀。结果没有人愿意长期跟着他。有一位音乐学校的校长，资助了一个小姑娘，从孩子上高中到大学毕业，后来小姑娘跟她一起做培训学校。小姑娘很用心，不到三年，学校就招收了

300多个孩子，她很高兴。小姑娘到了谈婚论嫁的年龄，她还帮忙给小姑娘找了个男朋友，他们很快就结婚了。结果小姑娘结婚后放弃了现有的工作，自己开了一家培训学校。这位校长痛不欲生，她认为这是背叛，她受到了极大的伤害，从此再也没有跟小姑娘联系。这些真实的故事与一些女士的口头禅相似："天下男人，没有一个好东西。"女人曾经被男人骗了感情，就说男人不值得信任，当她觉得又被骗了一次后，内心受到极大的伤害，谈起男人就咬牙切齿。

卷款潜逃，背叛与信任有直接的关系吗？不是这样的。有句话叫："有序才有爱，无序会伤害。规则不好，好人变坏。"我们要反思的，是管理制度和财务监管体系，而不是把罪状贴在信任之上。背叛和被骗也并不关乎信任，是关乎自己，更不能推出"天下男人，没有一个好东西"的莫大罪名。有趣的是，咒骂男人的女人，还会再次温柔地扑向男人的怀抱。如此反复，发挥作用的不是信任，而是爱，信任无辜地为"爱"背上了黑锅。

我想你明白了，信任是"我"的信任，主动权在"我"的道理了吧。无惧是信任的外在表现，只有你对自己有足够的把握，心中没有恐惧，才会通过信任创造无限可能。

3.控制还是引发

信任是一种体验，不是一个概念。很多家长不敢放弃对孩子的控制，那样他会觉得失控，非常焦虑。很多家长经常陷入"你做到什么，我才信任你""我信任你，所以你一定要如何去学""你要是做不到什么，我就

第 3 章　三个维度：爱的思维、爱的心态、爱的行为

不信任你"的模式，结果把自己弄得相当被动，苦不堪言。更甚者，家长利用这个模式，把信任当成武器来达到自己的目的。比如孩子没有按时完成作业，家长会说我们这么信任你，可是你就是没有做到自己的承诺。再比如借钱的人经常会理直气壮，借不到钱还会生气，理由是"你不借钱给我，你就是不信任我"。

借钱是因为信任吗？不是。没有信任可不可以借钱？将信任和借钱对等挂钩的人肯定说不可能。可是现实生活中这样的事情很普遍。银行会给很多人按揭买房、买车，银行信任每一个人吗？银行对大部分按揭对象并不了解，凭什么来信任呢？不是银行信任你，而是银行信任自己，它手里有你的重要资料，比如你不还款，银行相信自己有办法拿到钱，从而减少损失或确保没有损失。银行的理由是我相信我的能力，所以我可以借钱给你。高利贷也是这样，放贷人的信任与"你"是没有关系的，只与他自己有关系。

爱要向内看，就是要看到不能以他人的态度来看待自己。

爱要向内看，就是要看到信任是自己的事，与他人无关。

信任取决于自己，只有自己才能决定是否信任，决定因为什么理由而信任。看透了信任的本质后，人就可以自由选择了。自由选择后，就可以由被动到主动，人们会感到无比的轻松。

不信任的特点是控制。只有牢牢控制，掌控一切，不信任者才会感到安全，控制成为缺乏信心者的保险。因为控制，家长对孩子的信任起点是

0，然后根据孩子做的合心意的事情，逐渐增加信任度。孩子的学习效率低下，家长还要不断地投入时间和精力。

信任孩子的家长，从我开始，建立信任。他们对孩子的信任起点是100%，放弃控制，完全信任，相信孩子会把事情办好，相信孩子会全力以赴，相信无论出现什么局面，自己都有能力去面对解决。信任是有风险的，风险多大由自己决定。所以智慧的家长都会以100%的信任开局，如果孩子屡次表现不佳，他就会降低难度，以提升孩子的自信。

4.提升迁善力的工具

提升迁善力，我们也有一套工具，这就是"365天幸福脚步"的日记系统——写觉察日记。日记模版我们都是设计好了的。而且是围绕"接纳——喜欢——崇拜——感恩——信仰"五个步骤设计的。

每天，只需要把我们日记中有问号的地方回答好，并且把当天的目标计划制定好，坚持一年，一定会收获满意的改变。

到目前为止，已经有很多学员开始第二年写日记了。第一年日记写完之后，有学员分享说：

"连老师，我不知道这一年是怎么过来的，但是回想起来，感觉非常充实。每天晚上，当爱人和孩子看着我写日记时，我觉得是非常幸福的时刻。如果有一天我没写日记，孩子会主动提醒我说，妈妈你该写日记了。每天晚上有一个美好的画面，让人很想回家……这一年，我知道我每天都在做些什么，而且我很清楚我做到了什么，我也能感受到我爱人和孩子的变化。孩子的学习状态和成绩发生了很大的变化。这是最好的消息，也是让我沉浸其中的主要原因。"

爱的行为

一个人能否取得成功不在于学了多少，说了多少，想了多少，而在于他做了多少。只瞄准，不射击，不是好猎手；只呐喊，不冲锋，不是好士兵。要想比别人取得更大的成就，就一定要比别人付出更多的行动。

天堂与地狱

一位基督徒，去世后想见见天堂与地狱究竟有何差异，于是天使就先带他到地狱去参观。

到了地狱，在他们面前出现一张很大的餐桌，桌上摆满了丰盛的佳肴。桌子周围坐满了人，每个人都面黄肌瘦，非常饥饿，他们每人有一双很长的筷子，他们努力把夹起的菜喂到自己的嘴里，可是由于筷子太长，没有一个人能把菜喂到嘴里，所以这个房间所有的人都是非常痛苦的样子，看着好吃的菜，却吃不到！于是这个人就跟天使说："太残忍了

第 3 章 三个维度：爱的思维、爱的心态、爱的行为

吧！那带我去天堂看看吧！"

到了天堂，看到的是同样的长条桌子，同样很好吃的菜，同样的每人拿了一双不可能把饭菜喂到自己嘴里的筷子，不同的是他们都非常开心！因为他们都把自己夹起的饭菜喂到了别人的嘴里，所以大家都吃到了美味。

生活和工作中，每个人都应该自愿自发地和另一方合作，与人方便就是与己方便。生活不是对弈，不需要分出输赢。随着社会发展，合作共赢这一新的思维模式已经广泛地应用于实际生活中。

合作共赢就是我们幸福家庭规画体系的第七个关键词——传播思想（如下图）。

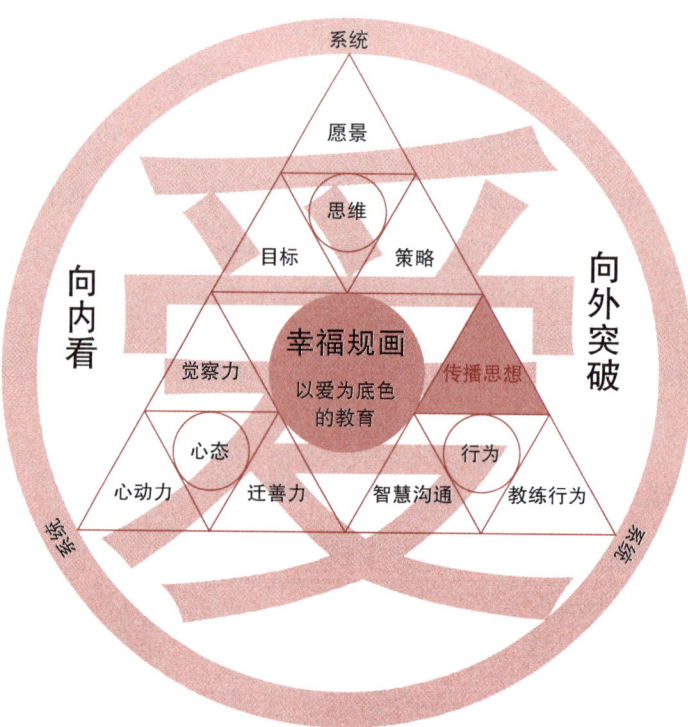

幸福家庭规画落地系统模型图

传播思想——合作共赢

我很高兴地看到我们很多家长，已经开始主动找平台，公益性地去传播我们这套规画教育思想。我问过他们："你们花时间、花精力去传播这套思想，你们到底要什么呢？"其中一个学员说："我觉得我不断跟别人

第3章 三个维度：爱的思维、爱的心态、爱的行为

经过一段时间的学习后，学员们收获满满，脸上洋溢着幸福的笑容。连亮老师与学员在一起，加持更多爱的叠加的能量。

讲的过程中，讲得越多，我自己的理解也越透，很多东西，都是通过讲的过程把自己讲通了。比如跟单位领导沟通，以前打电话发信息基本上没有别的话，最近，却收到了领导的短信，问候我工作辛苦了。是我变了还是领导变了？我发现是我变了，我汇报工作时更加简洁准确了。"

1.合作共赢的思维模式让许多家庭矛盾迎刃而解

如前文所述，传播思想就是合作共赢。一个人不仅在社会工作中要有与人合作共赢的思路，在家庭生活中，更要将其加以运用。无论夫妻之间，还是两代人之间，假如具备了合作共赢的思维模式，许多家庭矛盾就会迎刃而解。

先说夫妻之间。当我们还是小孩子的时候，都天然地信赖自己的父母，以为他们之间理应是相亲相爱的状态。长大后，我们才知道夫妻作为人生伴侣，能够经得起人世风雨，相互扶持白头偕老就已经相当不错。

不可否认的是，每个人在步入婚姻殿堂之初，都曾有过美好的憧憬和向往，都曾发誓要和身边这个人幸福快乐地牵手一生。随着时间的推移，随着鸡毛蒜皮家庭琐事的消磨，夫妻之间，常常不知不觉就心生隔膜，因现实的利益取舍而同床异梦。这也是一些人宁愿不婚的原因，他们不想因婚姻的束缚消磨自己的精神，不想因夫妻间的矛盾而内耗生命。假如婚姻带给人的正能量很多，就会让人更加乐于选择婚姻而非独身。

现实生活中，选择婚姻的人虽占据社会主流，能拥有幸福婚姻的人却少了很多。如何让夫妻在婚姻中保持积极状态尤为重要，因为在不幸福的婚姻里，总有家庭负能量肆意传播。

第3章 三个维度：爱的思维、爱的心态、爱的行为

如何走出婚姻的迷局？这是一个重要的问题。假如，属于感性的情爱总是不可避免地在实际生活中被慢慢消磨，那就用理性来指导婚姻生活。夫妻不是相互占有形成的共同体，而应是在灵与肉结合的基础上，相互扶持，彼此激励，能够达成合作共赢局面的两个独立个体。

夫妻的合作共赢，就在于各自发挥自己性别和性格的优势，在家庭事务中各司其职，尽力而为，而非一人主政，另一个人消极服从。只有夫妻双方参与家庭生活的积极性都调动起来，才能够做到夫妻间相互欣赏，彼此认同，才会有团结和睦的家庭产生。

夫妻关系进入合作共赢的状态后，亲子关系中合作共赢局面的达成就随之变得容易。这是因为，夫妻和睦本身就会带给孩子积极的精神面貌，使孩子更加乐于与人合作共赢，凡事倾向于积极建设。

在亲子关系中，父母的使命是发现孩子的潜能，引导其正常发展出来，让孩子形成自己独有的生存优势；孩子自身的能力在父母的认同中得到强化，自信阳光，由此带给父母成就感，愉悦身心。如此一来，家庭中的气场就积极向上，一家人之间可以毫无顾虑地发挥各自的优势，从而达成全家积极作为、合作共赢的美好局面，每个人都因亲情而倍感温暖。

今天的家庭教育之所以会出现问题，源自于家庭成员之间不懂得共赢。父亲忙碌一天回到家里，看到儿子59分的考卷心里非常难受，把孩子训了一顿。转身出来看见妻子蹲在地上洗衣服就气不打一处来说："你还洗什么衣服啊？孩子都考成这样了，你也不管。我在外面打拼，你是怎么管教孩子的？"妻子也非常难过，生气地说："你打拼，我没管孩子？从

孩子出生到现在你管过几次？你关心过孩子多少？关心过我多少？"夫妻俩吵得一塌糊涂，孩子也大声地说："吵什么吵？有意思吗？你们这么多年就是这样，天天吵个没完，我学习能好吗？"说着把门关上了。

另一个场景：父亲忙碌一天回到家里，看到儿子59分的考卷心里非常难过，就安抚了一下孩子。转身出来看见妻子蹲在地上洗衣服，赶紧拿来小凳子让老婆坐好，说："老婆，孩子没考好是我的责任，你看我忙着在外面打拼，也没有真正关心过孩子的学习，你一个人在家带孩子忙里忙外的，老婆辛苦了。"说着扶着妻子站起来两个人相拥在一起。孩子出来喝水看见这一幕，笑着说："真腻，好啦！下次我努力学习争取考好，不让你们担心我。"

家庭中、团队中共赢是一种心态，是一种生活取向。要想共赢必然有一方先主动伸出共赢的橄榄枝，大家才能走向和谐、合作。心中有气度的人，才会有共赢心态；以尊重为出发点的人，才能共赢；体谅他人，则是共赢的表现方式。

2.尊重是共赢的前提

在社会这个大环境中，作为成年人的我们都知道，人与人之间需要相互理解和尊重，只有尊重别人才能得到别人的尊重。可是在家庭里，我们却往往忽略了对孩子的尊重，只是一味树立自己的权威形象而忽略孩子的感受，其实孩子需要的不仅仅是爱，还更需要尊重和理解。

在很多时候，我们总是按照自己的意愿去支配孩子做事，从不考虑孩子的感受，而孩子表现出不顺从时，我们就认为孩子不听话，进而对孩

第 3 章　三个维度：爱的思维、爱的心态、爱的行为

子加以指责，甚至打骂，这使得我们和孩子都不愉快。其实我们何不坐下来想一想或者和孩子进行沟通，听一听孩子的意见，了解一下他们的想法呢？更多的时候，我们的出发点是好的，但是孩子毕竟还小，无法知道我们的用意和初衷，这时候相互尊重，心平气和与孩子沟通也许是解决问题最好的方法。我们把做这件事情的好处、坏处以及对他的影响用最亲切、真挚的语言表达出来，相信孩子会理解明白。

多一些幽默诙谐的语言，多一些朋友式的交谈是一个幸福家庭应该具备的。也许每个家长都明白其中的道理，可在实际生活中真正做起来而且长久坚持却是一件很不容易的事。沟通也需要技巧，很多时候我也一样，总是按照自己的意愿强迫孩子做事情，讲话的时候容易急躁，对孩子缺乏耐心和诱导，伤害了孩子的自尊心。当你强迫孩子做他不想做的事情时，他的积极性就调动不起来，大脑反应就迟钝，即便勉强做也是事倍功半，达不到你想要的效果。相反，当你愉快地和他交谈，征求意见式地要求他做什么事情的时候，他往往会很容易接受，而且做事的效率特别高。

现在的孩子真的很辛苦，来自学校和家庭的学习压力很容易使孩子产生厌倦心理，如果我们再一直埋怨和强迫孩子按照我们的意愿做事情，孩子就有可能生出逆反心，消极处事，养成坏习惯。生活中这样的例子很多，所以，家长和孩子之间要充分理解和尊重，树立孩子的自信心，保护孩子的自尊心，培养孩子的独立意识，使家庭气氛温馨，成员关系和谐融洽。让孩子健康快乐地成长，家庭中需要相互理解和尊重，家长和孩子之间不仅仅存在亲情，还有挚真挚纯的友情！

智慧沟通——激发理想，感召他人

我们对感召的定义是：激发他人的理想，从而使他人自愿采取行动。人生是一场感召游戏，你要么感召别人，要么被别人感召。我们为什么要考大学？是因为被社会、父母和老师感召；我们为什么要追求成功？是因为不断被成功者感召；我们为什么要克服坏习惯，是因为被好习惯所感召。

幸福脚步

当我确定要成为我想成为的人而坚持不懈行动的时候，是否也感召到身边的人愿意为他们自己的梦想行动？我是如何做的？此刻我的感受是？今天我要感恩的是？今天我要向内看，向外突破的是？

所有的感召，都是以沟通的手段来实现的。这就是第八个关键词——智慧沟通（如下图）。

第 3 章 三个维度：爱的思维、爱的心态、爱的行为

幸福家庭规画落地系统模型图

作为重要的领袖技巧，沟通贯穿教练过程的始终，教练能力中的聆听、发问和回应，均是沟通的重要工具。教练能否进行，教练是否有效，人们能不能感召到他人，取决于沟通是否有效和有价值。

1.沟通：价值远胜内容

人们容易忽略，但却至关重要的是沟通的出发点。不少人认为沟通很

让爱回家 幸福可以来"规画"

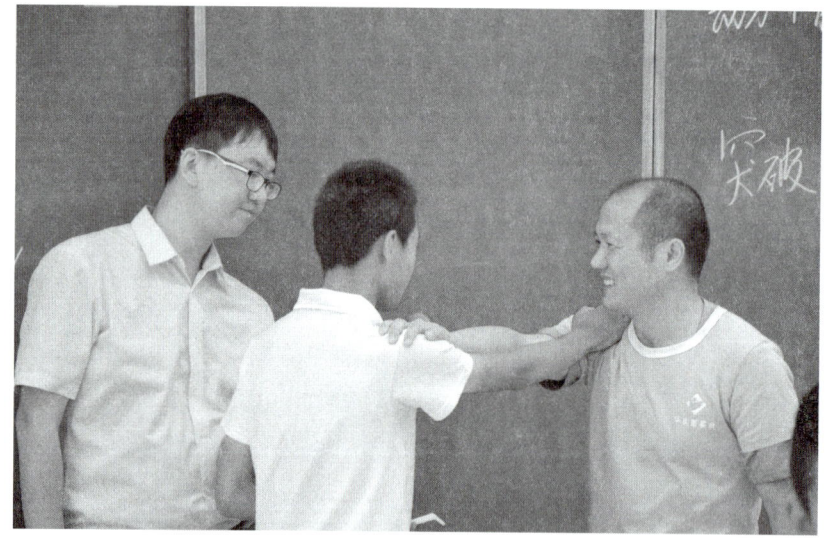

连亮老师指导一对父子做亲子活动,父亲看着儿子,脸上露出了信任、幸福的笑容。

第 3 章　三个维度：爱的思维、爱的心态、爱的行为

简单，无非就是把想法告诉他人，说完了，沟通就结束了。沟通的过程的确这样简单，有人说，有人听，听说结束，沟通完成。但是，沟通的关键不是你说了什么，而是对方听到了什么。这里面可能有很大的差异，哪怕是两个人近距离面对面的沟通，对方理解到的也不一定是你所说的意思。

对方不是根据你说的内容，而是根据他听到的内容来决定是否接受你的沟通。如果对方不接受，就会抗拒，抗拒并非一开始就抗拒你说的内容，而是抗拒你的出发点，连带将内容一起拒绝掉。在父母和小孩的沟通中，这种情况经常出现，父母要求子女改掉某个不良习惯，苦口婆心，就是没有效果。到后来，父母只要提起这件事情，孩子就逃避和抗拒。某一天，因为其他人的一句话，孩子马上就改掉了这个习惯。

同样的内容，经过不同的人说出来，就可能产生不同的效果——这就是价值点。微妙之处是说话者的出发点，出发点包含在表述方式、语气和神态等沟通形式之中。抗拒者经常是先抗拒形式，再拒绝内容，因为沟通是价值传递。

比如领导者对下属说："你一定要完成目标。"这是在沟通内容；领导者换一种沟通方式，与下属探讨完成目标对他有什么价值，效果就会不一样。下属可能因此从被动变为主动，积极性和表现都会提高。产品销售前的宣传是沟通，越来越精明的商家，给产品赋予了功能以外的价值，将重点放在价值宣传上，取得了比单纯宣传功能数倍的沟通效果。

其实，沟通价值与沟通内容，往往不是沟通目的不同，而是沟通的出发点的差别。突出内容的沟通，说的是"我怎么样""我的产品怎么

样",重心在自己或者在产品本身;突出价值的沟通,说的则是"你将如何。这将给你带来什么",重点在对方。任何产品的沟通,最终结果都是将产品卖出去,价值沟通的最终目的也是让对方接受内容,明白这个道理后,那么就不难明白商业上的这条有效规则:利益比内容更容易推销。

《世说新语•假谲》记载:"魏武(曹操)行役失汲道,军皆渴,乃令曰:'前有大梅林,饶子,甘酸可以解渴'。士卒闻之,口皆出水,乘此得及前源。"曹操在行军途中看到士兵干渴难忍,为了鼓舞军心,他说前方有大梅林(内容),丰盛的果子酸甜可口,可以用来解渴(价值)。曹操正是用好了价值沟通术,使得士兵们听了,士气大振,就这样,曹操终于率领军队走到了有水的地方。尽管后来有人用"望梅止渴渴不止,画饼充饥仍然饥"来取笑这件事,但是,不可否认曹操的做法是有效而且成功的,他让士兵们有了追求,在心态上变得积极,行动也有力而快捷多了。

幸福脚步

我是否愿意把我学习到的、感悟到的分享给身边的人?身边的人是否被我感召,开始有所行动?此刻我的感受是?今天我要感恩的是?今天我要向内看,向外突破的是?

再比如父母希望孩子考上大学,能够学到更多的知识(内容),做一个对社会有价值的人,或者是期望子女能有更好的生活(价值)。这样的沟通,会产生一种巨大的感召力,感召孩子为之奋斗。

第3章 三个维度：爱的思维、爱的心态、爱的行为

我和儿子间曾发生过这样一件事。

爸爸，我爱你

有一天晚上我与孩子俩泡脚，倒了半桶热水，他边泡脚，边听我给他讲故事，听到兴奋的地方，脚一使劲，一桶水全部洒到地上了，地板上全都是水。

这个时候孩子很害怕，转过来看我的眼睛，你可以体谅一个孩子当时的心情吗？如果说："你怎么搞的，你看弄了一地的水，马上睡觉了怎么办？"孩子会更加紧张。

我突然想到一个画面，我曾经看过一个故事：孩子喝牛奶时把牛奶瓶掉到地上打碎了，满地的玻璃渣，满地的牛奶，母亲不但没有批评这个孩子，反而还给孩子折了一只纸船，让孩子在牛奶的海洋上玩纸船。然后带着孩子很认真地把地扫完。后来孩子因为这件事情，发生了很大的变化。

当我想到这个故事时，就哈哈大笑起来，孩子看到我哈哈大笑，他笑了。我说："太好玩了，满地都是水，都可以划水了，他赶快跑到地上，光着小脚丫子吱吱地滑去。那一刻他大声喊："爸爸，我爱你。"

地板上全都是水——这是内容；满地都是水，都可以划水了——这是

价值。本来是不小心的事故，现在把这个事变成很好玩的事情了，这份沟通，这份感觉非常美好和温暖。

2.感召他人需要以身作则

人们愿意去做某些事情，愿意改变行动，是因为看到那样做的好处已经发生在别人的身上，他们渴望去拥有。有榜样在面前，人们就容易被感召。孔子说："其身正，不令而行。其身不正，虽令不从。"领导者自己品行端正，不用发布命令，人们也会执行；领导者自己行为不端正，即使下命令，人们也不会顺从。榜样的力量是无穷的，领导者知行合一，方能成为别人的榜样。

老板给下属说："我们要把企业办成一家在社会上有地位、受人尊重的企业，让每一位员工因为是这家企业的成员而受人尊敬，让员工的工作成为他人羡慕的工作。"这是一个很理想的目标。但是如果这个老板故步自封，不在社会上树立他的地位，也不树立企业的地位，很多人对企业闻所未闻，员工就会产生怀疑，时间长了就对他的感召无动于衷。

感召能否持久，很重要的是印证，也就是证明与事实相符合。"望梅止渴"本来是很好的典故，在当时的环境下，曹操的独特方式和个人的高明无可厚非。但是为什么这个成语后来被人们比喻为"用空想来安慰自己"？主要的原因是"望梅止渴"是一个虚幻的理想，曹操没有印证它，人们只会相信他一次。如果他下次对同样的人再用"望梅止渴"，肯定会失去效果。

我们经常讲个人魅力，人们会被某个人的个人魅力所吸引和折服。有

第 3 章　三个维度：爱的思维、爱的心态、爱的行为

个人魅力的人，周围肯定有一群忠实的拥护者，他说的话成为拥护者的行动指南，他的言行举止会被拥护者模仿。人格魅力的内涵很丰富，它让人感受到了自己所欣赏和追求的东西。人格魅力是一种很好的感召方法。

有感召力的人，在别人眼里是重要的人。当你感召不到他人，那你就要先检讨一下，是不是自己的理想过于狭隘，是不是自己根本就没有清晰的理想。其次，你也要看看自己有没有去印证的理想，有没有那种内外一致的个人魅力。

比如有个感人的电视广告，小孩看见妈妈打水给奶奶洗脚，他自己跑去打了一盆水，端到妈妈面前说："妈妈，我给你洗脚。"不需要"说"，不用任何说服，也没有刻意进行引导，妈妈在无意间用自己的行动做了一次感召。

教练行为——创新思维，挖掘潜能

生活中有两种人，一种人以目标为导向，行动力强大，另一种人昏昏沉沉，舒服了就干，不舒服了就不干，三天打鱼两天晒网，完全靠情绪化来生活，一会儿开心得上天了，一会儿情绪低迷整个人掉到低谷里。

以目标为导向的人，充满了正能量。而昏昏沉沉的人，真的是能力不足吗？不是的。有能力为什么生活过得这么不如意呢？这样的人需要什么？需要的是心态调整。所以，最后一个关键词——教练行为（如下图），通过教练行为去传播幸福家庭规画思想，去激发身边人的心态，开

放思维，挖掘潜能，活出人生价值。

幸福家庭规画落地系统模型图

"物无非彼，物无非是"。爱孩子就是随时打破"不可能"变成"有可能"的过程，是突破自我的执着。

第3章 三个维度：爱的思维、爱的心态、爱的行为

世界上有哪些事情是不可能的？一定是那些自己觉得无法想象，或者是自己根本没有能力去达到的事。世界上有哪些事情是可能的？要么是已经牢牢地握在手中的事情，要么是曾经实现了的事情，要么是衡量以后觉得有把握的事情。毫无疑问，绝大部分人的回答脱不开这个范围。

成功并不像你想象的那么难

1965年，一位韩国学生到剑桥大学主修心理学。在喝下午茶的时候，他常到学校的咖啡厅或茶座听一些成功人士聊天。这些成功人士包括诺贝尔奖获得者、某些领域的学术权威和一些创造了经济神话的人，这些人幽默风趣，举重若轻，把自己的成功都看得非常自然和顺理成章。

时间长了，他发现，在国内时，他被一些成功人士欺骗了。那些人为了让正在创业的人知难而退，普遍把自己的创业艰辛夸大了。也就是说，他们在用自己的成功经历吓唬那些还没有取得成功的人。作为心理系的学生，他认为很有必要对韩国成功人士的心态加以研究。

1970年，他把《成功并不像你想象的那么难》作为毕业论文，提交给现代经济心理学的创始人威尔·布雷登教授。布雷登教授读后，大为惊喜，他认为这是个新发现，这种现象虽然在东方甚至在世界各地普遍存在，但此前还没有一个

人大胆地提出来并加以研究。惊喜之余，他写信给他的剑桥校友，当时正坐在韩国政坛第一把交椅上的人——朴正熙。

他在信中说："我不敢说这部著作对你有多大的帮助，但我敢肯定它比你的任何一个政令都能产生震动。"

后来这本书果然伴随着韩国的经济起飞了。这本书鼓舞了许多人，因为他们从一个新的角度告诉人们，成功与"劳其筋骨，饿其体肤""三更灯火五更鸡""头悬梁，锥刺股"没有必然联系。只要你对某一事业感兴趣，长久地坚持下去就会成功，因为上帝赋予你的时间和智慧足够你圆满做完一件事情。后来，这位青年也获得了成功，他成了韩国某汽车公司的总裁。

人世中的许多事，只要想做，都能做到，该克服的困难，也都能克服，不一定需要钢铁般的意志或者技巧谋略。只要一个人还在朴实而饶有兴趣地生活着，他终究会发现，造物主对世事的安排，都是水到渠成的。

1.了解自己的局限，相信一切皆有可能

《晋书·乐广传》记载：乐广请朋友喝酒，墙壁上挂的弯弓倒影到酒杯中，就像一条蛇，朋友以为喝了一条小蛇而病倒。乐广知道后，再次请他来，告诉他那是弯弓的倒影，让他看个明白，客人知道真相后，心里的不舒服释然了，疾病也不治而愈了。

"杯弓蛇影"给人们几点启示：

第3章 三个维度：爱的思维、爱的心态、爱的行为

第一，人们以为自己看见了真相，但人们很有把握地相信自己的所见，很虔诚地把假象当成了真相，结果就向假象导向的方向发展。

第二，冻结人的是人的看法和心态，人们很相信过去的经验，往往被过去固定了的信念和心态固化，看不到现在，更看不到未来。

第三，事情有多种可能性，只有愿意放下你固有的信念，从另外一个角度去看问题，才会产生新的可能性。事实不等于真相，人们最大的悲哀就是误把事实当真相。

很多事物就像水一样，本身是不固定的。可是我们却通过信念把它给固定下来了，认为只有这一种可能。有很多人，当他被骂的时候，情绪反应就是马上生气，然后回骂对方。在这些人的信念中，觉得被骂是不可忍受的，被骂就一定要回骂，你踢我一脚，我就要回你一拳。以前的经验积累告诉他们，被骂就是受人欺负，人不能受欺负，受欺负就要反击，绝对不能吃亏。当他们心里有这些信念，当他们有以牙还牙的心态，对骂就不可避免，甚至会升级到武力斗争。两人从此结为冤家。那么，有没有另外一种可能？对有些人来说，骂是无所谓的。你骂你的，我做我的，一点不受影响，还笑微微地欣赏对方暴跳如雷的样子。对方对这个反应哭笑不得，怒气很快自然消退，双方依然是朋友。同样是被骂，在不同人的身上就有不同的可能性，可是大部分人将它固定为一种：你骂我，所以我必须更加有力地骂你。

人的局限性就是往往只看到一种可能，而且认为这是唯一的可能。很多人的信念中经常出现的是"不可能"，结果"不可能"就成为了他的

可能性和结果。面对一件从未涉足过的事情，不少人的反应是"我不懂，做不来"，他已经在心中把可能性固定在"做不来"上了，行动上不会去做，结果肯定做不到。如果像这样在"以前没做过"与"做不到"之间搭起因果的桥梁，人的一生便不能做成任何事情，因为出生的时候什么都没有经历过，什么都不懂！

　　人们习惯性地将这种因果关系套在自己身上，以此来确定自己的行动和人生。比如：你讨厌我，所以我讨厌你；我出生在一个没有背景的家庭，所以不会有太大的成就……这些听起来似乎合理的推理关系，让人们产生了宿命论：不是我不想努力，是因为先天的条件，决定了我这一生就只能这样了。宿命论的特点是因果关系，因为A，所以一定B。A是客观存在的：你是很讨厌我，我的确出生在没有背景的家庭。B也是存在的，它的存在就是宿命论者的生活状态，也就是我讨厌你、我没有太大成就的事实。但是A和B之间的因果关系，却是人们自己加上去的，认为是原因A导致了B这一种结果。宿命论者以外在的原因或者别人的说法作条件，来推论和演绎。

　　人们将物质世界的因果法则投放到精神世界，制造了很多宿命论来框定自己和别人的人生。有了宿命论后，人们总会寻找各种证据来证明他的宿命论是对的，证明今天的结果是无可奈何的。

　　接着上面的例子，可能性就是：我可以讨厌你，也可以不讨厌你，还可以爱你，这是我的选择，与你讨不讨厌我没有关系；我可能有很大的成就，也可能平平淡淡，这是我努力的结果，与我的家庭背景没任何关联。

第 3 章　三个维度：爱的思维、爱的心态、爱的行为

可能性首先产生在信念和心态上。只有突破信念上的屏障，超越心态上的框框，改变宿命论的因果推理，新的可能性才能出现，至于你的生命会出现什么状态，那是你自己的选择。正如弗兰克所说的，任何人从根本上都可以凭他个人的意志精神，来决定他要成为什么样子。你成为什么人，是你内心抉择的结果。

幸福脚步

人一辈子有两件大事要做，一是尽情享受生活的美好，二是成就自己的事业，获得做人的尊严。在这个过程中有三件事：第一，设立目标。这个目标支持我在既定的时间内的运行轨迹；第二，做事分为一鼓作气和长期坚韧不拔做下去两种情况；第三，尽力把精力集中在你认为最重要的事情上去。我有怎样的感悟？此刻我的感受是？今天我要感恩的是？今天我要向内看，向外突破的是？

可能性的因是"空"，产生可能性的出发点是谦虚，打开可能性的方式是探询。人生是有多种可能性的，规画教练就是帮助被教练者看到新的可能性，从而做出选择，找到自己想要的生活；前面讲的规画的能力，无论是热情、共赢、付出，或者其他规画能力，其目的就是帮助领导者创造出新的可能性；人们受控于"过去"，"过去"就是九点游戏中九个点覆盖的范围，可能性在这个范围之外，可能性的产生是一种突破传统的思维。

2.跳出执念，设计未来的人生

"不可能"是因为有固定的信念，有关于不可能的判断；"可能性"是因为没有固定的模式，没有固有的框框。《老子》说："道冲，而用之或不盈。"道体是虚空的，然而作用却没有穷竭。这虚空并不是一无所有，它包含着无尽的创造因子，因此它的作用是无穷无尽的。"持而盈之，不如其已。"执持盈满，不如适时停止。这形象地告诉我们：如果让水把器皿注得满满的，就会发生水满而溢的现象，也就意味着事物发展到了极限和顶峰，接下来便是衰败的到来。因此，与其将水注满器皿，不如适时停止，这样才会"注焉而不满，酌焉而不竭"，持有无限的用途。

从另外一个角度去看待人生和事物，会产生新的可能。委曲反能保全，曲就反能伸展，低洼反能充盈，敝旧反能生新，少取反而多得，贪多反而迷惑。所以有道的人坚守这一原则作为天下事理的范式。不自我表扬，反能显明；不自以为是，反能彰显；不自我夸耀，反能见功。正因为不跟人争，所以天下没有人和他争。

事物往往有各种表现形式，人们常常看到事物的一面，而忽略了其他方面，或者只看到事物的表面，而看不到事物的本质。盲人摸象的故事很形象地演示了我们以片面来代替整体的过程。几个盲人想知道大象的全貌，他们都认为自己触摸到的局部就是大象的整体，致使几个盲人发生了争吵，大象的形象被扭曲了。人们要想打开新的可能性，就要放下自己认为对的信念，听听别人说的，从别人的角度去触摸大象，就会有新的发现。

第 3 章　三个维度：爱的思维、爱的心态、爱的行为

执着于自己的看法，会被看法所迷惑。佛家强调面对各种外境，心能不被其干扰，有念头而又不执着于念头，这就是无念。面对各种相状而不见，能无视一切外相的存在，则自性法体清清净净是无相；对于世俗世界的善恶美丑，以及受到言语攻击、欺骗和争论之时，都能将这些看作不存在，不想报复，这就是无往。佛家的精髓是"先立无念为宗，无相为体，无住为本"。

空是一种心态。空不是说什么都不想了，什么都不想的空是消极的。《坛经》说："若只百物不思，念却除尽，一念绝即死。"假如只是百物不思，没有任何思维活动，一点心念都没有，那就是死了。"空"是佛教的境界，《净名经》说："能善分别诸法相，于第一义而不动。"如要使自己能正确分辨各种物象，最重要的是做到不动心念。

人的盈满是信念和心态上的盈满，昨天的"看见"形成了信念，过去的经历造就了经验。心中填满了过去，无法空出来，看不到新的可能。沉迷于过去，其危机在于忽视现在，更会对身边的各种机会迟钝，对未来失去信心。人一旦因为看不到未来而自甘沉沦，便容易有满腹的怀旧愁思。如此循环，人就不断用过去将自己的内心填得更满，可能性就越来越小。

宿命论者很不谦虚地把因果关系作为自己生活的法则，很自信地说"命该如此"。他们如果要想有更多的可能性，应该把过去放下，以下残局的人生心态规画自己的未来。下残局的人是什么心态？在路边经常可以看见有人摆残局待人对弈，所有来应战的人，一定会集中精力想对策，如果不能攻破残局，只会内省自己的方法和能力问题。没有一个人会责怪摆

棋局的人：为什么你要摆成这样？是什么让你摆成这样？

下残局的心态是不去责怪让你成为这个样子的外界因素，不去纠缠让你成为这样的过去和原因，而是接受此刻的局面，把现在当成起点——我就是这样了，然后寻找"破局"的方法，设计未来的人生。新的可能性会因为你的焦点在未来而很快呈现。

3.创新思维

创新思维是一种思维方式，也是人们开创可能性的技巧。很多人都知道卖鞋的故事。有两个商人去非洲推销鞋子，当时的非洲很落后，人们光着脚走路，没有人穿鞋子。其中一位商人见了，认为这里的人太落后，根本不需要鞋子，向非洲人卖鞋子没有市场，于是打道回府。另一位商人却很兴奋：非洲没有人穿鞋子，也没有人卖鞋子，市场多大啊！于是他开始耐心地推销，后来成为非洲最大的鞋子经销商。遵循传统的商人失去了手边的机会，大胆创新的商人创造出了新的可能性。

创新带来可能性，触手可及的例子是互联网。互联网刚出现的时候，社会的普遍看法是怀疑和观望，很多人认为这种新的模式不会成为人们的主要沟通方式，包括当时中国的一些知名专家对此也不看好。

才几年时间，已经有不少人的工作离不开互联网，他们依靠网络渠道来收发信件、沟通信息以及获取资料。在互联网浪潮中抢占先机的人，都是那些大胆思考、大胆行动的人，他们依靠创新迅速成长为市场的新主角，他们的创新改变了人们的沟通渠道，给人们提供了新的满足感。

创新首先是一种思维的创新，创新的种子在人的脑袋中，人人都有

第3章 三个维度：爱的思维、爱的心态、爱的行为

创新的能力。卖鞋的故事说明了这一点。可能性产生的最初触发点不是技术，不是管理，也不是组织再造，而是对一个新市场的创新思维。当然在以后的过程中，那个向非洲人卖鞋子的商人会逐步实施创新的各种功能，否则就不可能长期引领市场。学校如果忽略了创新的起点，一味地推动技术创新、管理创新和营销创新，创新很可能成为一种形式，表面上轰轰烈烈，实际上没有变化，"创新"成为了学校自我标榜的一个漂亮口号。

对那些世界顶尖的创新者，思维永远走在技术的前面，对那些缺乏创新的人，技术限制了思维和视野。最近几年风靡全球的电影大片《黑客帝国》《指环王》，其宏大的场面、逼真的电脑特技吸引了肤色各异的观众，成为世界电影文化的旗帜。电脑特技是技术的创新，但是如果设计师没有好的想法，是制作不出超乎想象的特技的。

在创新思维中，有三个可以检视的原则：

第一，没有独一无二的答案。如果你想到的答案是独一无二的，那你

幸福脚步

人的一生不得不面对各种改变，要么主动求变，要么被动改变。在非洲草原，野牛被狮子追赶就会拼命奔跑，最后被狮子咬住屁股，咬断喉咙，没命了，其实牛和狮子差不多，但是牛害怕，不知道反抗。人生需要不断地调整改变自己，适应各种无常。我有怎样的感悟？此刻我的感受是？今天我要感恩的是？今天我要向内看，向外突破的是？

的思维就被局限了。

第二，没有相同的事物和现象。西方古代哲学家赫拉克利特说，"人不能两次踏进同一条河流"，因为当人第二次进入这条河时，是新的水流而不是原来的水在流淌。只看到一条河流的人，看不到"一切皆流，无物常住"，只看到相同的事物和现象的人，思维是固化的。

第三，没有永远不变的定律，世界上所有的东西都在变化，包括各种定律，视定律为永恒的人，他的思维缺少变化。

创新思维可以训练。心理学家贝纳尔曾经说过："阻碍我们学习的最大障碍是已知的东西，而不是未知的东西。"训练时，首先要有创新的信念和心态，愿意看到思维的盲点，愿意从不同的角度思考问题，其次才是运用各种方法。

回顾一下前文中的九点游戏。突破九点的框框，人们的思维得以创新，产生了连接九点的奇迹。教练行为，从学习状态到教练状态，既是一个有更多可能性的过程，更是幸福家庭规画的终极使命。

Chapter 4

第*4*章

十个案例背后的十大规画教育理念

第4章　十个案例背后的十大规画教育理念

幸福家庭规画班开了多少次班了？我已经记不太清楚了。共有多少学员参加过学习？如果一定要回答，我只能回答说，千千万万。

的确，培训教育过程最让人欣慰的是，看到很多人通过学习发生改变，向好的方向改变，最终得到学习的收获。

这一章我们收录了十个代表性的典型案例，每个案例背后，都是一个规画教育理念。十个案例：爱是起点，然后是热情，有了热情，就要有承诺，采取负责任的态度，欣赏身边的一切，心甘情愿地付出，坚定信念、信任他人，开创共赢的局面，真正做到向内看、向外突破，产生感召力、创造力，最终实现"爱是所有的结局"闭环……这一路读下来，既是案例学习，又是对第三章的复习、回顾和总结。十大理念更可以让我们从各种自我设置的局限中挣脱出来，创造可能性，身心自如地拓展生命的宽度和深度。

让爱回家 幸福可以来"规画"

在动力营上,营员向教练展示自己的成果,教练和营员开心地交流互动!

理念一：幸福以爱作底色贯穿始终

李霞：让每一个孩子都感受到父母有效的爱

大家好，我是星星合幸福家园的园长李霞。

在没有生孩子之前，我不清楚爱是什么，生了孩子之后，我想把一切最好的东西都给到我的孩子。我要让我的孩子过上最好的生活，我要尽我的全力为孩子创造最好的条件，我眼里没有任何人，只有我的女儿，我活着就是为女儿，我一辈子都要和女儿在一起。我想这就是爱，我对女儿满满的爱！

随着女儿慢慢长大，我如此爱着的女儿和我越来越远，她开始不理我，给我脸色看，甚至离家出走，找不到女儿的那一刻，我慌乱、恐惧、愤怒，我不知所措，到底怎么了？我的爱不对吗？我该怎么办？

当看到女儿蹲在家门口，蜷缩着身体，耷拉着脑袋，我不能自已,我迅速转身,来到小区旁边新建的楼宇之间徘徊、痛哭。看到女儿的那一瞬间,我好心疼、我好痛心,爱有错吗?为什么?

在纠结、焦虑、痛苦、迷茫中,我遇到了华实星星合家庭教育机构,在这个平台通过学习,我一点点明白了,我对女儿的爱不是真正的爱,那只是我的需求,爱是要对方接收到爱的感觉。

通过每天读信念,每天写日记,参加每周五晚上的沙龙,通过一阶段、二阶段、三阶段的学习、实践,我懂得了爱是对女儿的信任和鼓励;爱是让自己先开心愉悦起来,爱自己才能和孩子良好地沟通;爱是让孩子看到家长在实现梦想的过程中付出努力;爱是先让自己找到价值感和归属感,才有能量去引领孩子走好自己的路。

和爱人、女儿的关系不断改善,越来越亲密,我开始关注其他的家庭,我想让所有的家庭都能和谐、亲密。我不断把我所学到的,在家庭中落地实践的,分享出去,在不断分享中,我的收获越来越大。越分享,越快乐,在做这些公益活动的过程中,我和爱人、女儿越来越清晰什么是爱,所以我们要把爱传出去。

以前看到别人说感恩的话语,我都觉得太假,太肉麻,可是现在,我把感恩常挂嘴边,因为心里真的有感恩才能发自肺腑地说出来。我把对星星合老师的感恩转化成行动,我要把爱传出去,让天空中的星星都闪烁起来,让每一个生命都绽放出来,让每一个孩子都感受到父母的爱!

让爱传出去,

爱是看不见的语言,

爱是摸不到的感觉,

爱是我们小小的心愿,

希望你平安、快乐,永远。

爱是仰着头的喜悦,

爱是说不出的感谢,

爱是每天多付出一点点,双手合十,不在乎考验。

让爱传出去,

爱像阳光温暖我和你,

不管有多遥远,

总有到的那一天,

让爱传出去,

那前方漫漫人生路,

有你的祝福,

没有过不去的苦。

连亮点评

在序篇中，我们已经知道，影响孩子的三个因素之一，就是父母。很多家长都认为自己是爱孩子的，但不能理解的是，孩子为什么还是那么不听话，那么叛逆？

感恩李霞。她分享一位母亲在亲子关系中的焦虑和无助。令人欣喜的是，在一次次幸福家庭规画的学习和分享中，我发现她的家庭中的亲子关系在一年中发生了蜕变。之前最纠结的孩子学习的问题早就迎刃而解。她说以前也看了不少书籍，听了不少课。而现在才明白，父母是精神供氧者，幸福必须以爱为底色，而且知行合一最为重要。

在众多培训的学员中，李霞是我认为最能把星星合幸福家庭规画思想落地的学员之一。无论在微信群里还是线下分享，我们都能时刻感受到她那份激情和付出，我们给她的称呼是"爱的使者"。她说，她尝到了甜头，幸福家庭规画落地体系将是她后半生为之推广的事业。

理念二：有动力才走得远

警察妈妈：给孩子更多爱的能量叠加

我是一名司法警察，记得在一次小组沙龙分享中，我对女儿的学习没有动力很困惑，连老师给我的建议是：家长先活出自己，让自己活得有价值。这句话似乎成了我的救命稻草，可如何才能让自己有价值呢？目前从事的吸毒人员后续照管工作根本就没办法让我找到价值，我也不太愿意与这些人主动交流，生怕自己受到影响或被传染上疾病。

2015年世界艾滋病日到来之前，昌吉州一中教导主任给我打来电话，希望我能给学校一个年级的学生开展一次禁毒宣传。沟通的过程中我的心里不断闪过这些念头：天啊，我只是硬着头皮给自己孩子的班级讲过一次，让我给一个年级1000多名师生讲，那哪行呀！我婉转地告诉教导主任，我讲不了，但我一定介绍一位可以讲的人来完成这项任务。教导

让爱回家　幸福可以来"规画"

主任温和地说:"六班班主任推荐的你,她说你在班里讲得很好,很有条理,课件也很好,能给60名学生讲,就可以给1000名学生讲,一样的。"我只好说,再考虑考虑,不管怎样,一定会有人去做这场禁毒宣传就对了。

静下来后,我想起了连老师的建议:活出自己的价值。是的,这不就是一次很好的机会吗?给孩子班级开展的禁毒宣传不是得到了学生和老师的一致好评吗?为什么不去尝试一下呢?我暗下决心,要把握这次机会。回家后,我认真看给孩子班的讲稿,并仔细修改,对课件也进行了一些调整和完善。第二天,我联系了教导主任,表明我一定按时去做禁毒宣传。接下来的两天时间,我利用业余时间,反复熟悉讲稿和课件,并在约定时间来到学校报告厅,从坐满学生的报告厅走到主席台,并没有我想的那么可怕。由于我视力不佳,坐在主席台上,根本看不清学生的面庞,也没有那么紧张了。我按照自己的设想,顺利完成了宣传的内容。出去的时候我拦住一名学生问:"你感觉我讲得如何?我是第一次开展这样的大型活动,能给我一些建议吗?"学生说:"你讲得太好了!我们原本想睡觉的同学都听得聚精会神,那些案例很吸引人,我们喜欢这样的宣传。"一位老师听到我们的交流,对我说:"杨警官,你讲得很好,学生们很喜欢,学生都很受益。"

第4章 十个案例背后的十大规画教育理念

回家的路上,莫名的兴奋、舒坦,我感觉路边的一切都那么美好,遇见的每一张面庞都那么亲切,一种富足、喜悦的感觉由心底向外满溢出来,这样活着真有意义!

目前,我已承接了不少学校、单位组织的禁毒宣传活动,不论怎样的场面都不会紧张、胆怯,甚至游刃有余。我也不再纠结孩子学习动力不强的问题了。因为我现在知道:只有自己活出真我价值,不断成长,才能有更多的选择,脑、身、心和谐的统一状态,才能创造更多可能性,活出真我价值。

连亮点评

警察妈妈的热情从哪来?就是通过宣讲自己喜欢和擅长的方面入手。这首先增强了她自己生命的厚度,提升了自己的价值。更重要的是,以前被老师通知进入学校的时候,感觉是老师"高"我"低",心中没有底气;而现在是以专家的身份进入,心中很有力量。通过不断分享,不断叠加生命的厚度,同时也给孩子树立了人生的榜样,让孩子心中的动力不断提升,给孩子更多爱的能量叠加。

这不就是我们家长要做到的吗?

活出自己,引领孩子,提升彼此的生命厚度,叠加彼此的爱的能量。用思想去引领孩子,用行动去激发孩子,用状态去感召孩子。

让爱回家 幸福可以来"规画"

亲子关系第一课的爱心助教,是他们用贴心周到的服务,为学员呈现了一堂又一堂精彩的课程。

理念三：爱孩子就要以目标为导向，关注孩子本身

黄妍：帮助孩子拥有目标动力

女儿打电话说老师让做《开心试卷》中的题，让我明天帮忙购买。我回到家中，女儿刚刚完成了家庭作业，自觉地在弹古筝。临睡前，女儿来到我身边，告诉我今天的数学单元考试很不理想，她对自己感觉很失望。我的内心有些对话，其实昨天女儿已做了份数学本单元试卷，让我批改时我感觉她本单元知识点掌握得还是很到位的，一些细小的差别也都注意到了，为了提升孩子的自信心，批改时我也适度放松了尺度（比如在数字后面忘写单位之类的小错误），当看到99分的成绩时，女儿是开心快乐的。因女儿总有一些小粗心，她自上学后还从未取得如此高的成绩，她急忙把这个好消息告诉在外出差的爸爸，爱人也及时鼓励了孩子，女儿信心满满地参加学校的单元考试，由于平时对细节的纠正不

足，加之练习不够，只得了84分的成绩。

看到女儿的成绩，我很坦然地接受了这样的结果，内心认定这是一个很好的机会。我先是与女儿认真地分析了错误的类型然后逐一改正，放下了试卷，我问女儿内心有什么感觉，女儿说很难过，感觉自己很差劲。我抱抱女儿说："妈妈认为你一定能通过自己的努力取得你想要的成绩，现在老师让每天增加一项试卷（只有90分以下的同学需要增加），其实妈妈认为是一种好的机会，你有机会比别的同学更多做、多学一点，那么你因多练习而获得的进步一定会让自己满意，妈妈会一直陪着你。"女儿听后，情绪有了好转，又开开心心地去看书了，女儿如今对阅读的喜爱也令我欣喜，从最初的《笑猫日记》《查理九世》《淘气包马小跳》《老鼠记者》等简单好玩的读本，到现在自己去找《小王子》《甜橙树》《窗台下的小豆豆》《坏脾气的玛格丽特》等寓意深刻的儿童读物，感觉女儿像一块大大的海绵在不停地汲取阅读带来的力量，所以我坚信女儿的未来无需我过多的担心。

看到女儿坦然接受这个结果，并愿意为这个结果更积极努力时，我的内心也是欣喜的。当一个人愿意承诺时，他一定可以为自己的行为结果负责任，内心会对自己有更高的要求。想成为一个更好的人，也会因为这样的期望而约束自己

第4章 十个案例背后的十大规划教育理念

的行为，纠正不良的习惯，形成自律的人生。自律是开启一切美好未来的钥匙，掌握了这把金钥匙，那么未来路上的各种困苦也无法阻止一个人前行的脚步。

我所需要做到的就是更有效地陪伴，为她排除干扰，聚焦她想要的结果，坚定必胜的信心，无限量地信任孩子，相信她能够坚守承诺，相信她拥有让自己更好的能力，并在她有所倦怠失去动力之时，耐心鼓励和支持她，让她知道因为自己的坚持而获得更多肯定，因为自己的诚信获得更多的信任，因为自己的聚焦而达到想要的结果，最终成为她自己想要的样子，想要的人生。

连亮点评

爱孩子就要以目标为导向，关注孩子本身。这也是我们每一位家长必须要遵循的规律。当你专注人的时候，你的焦点在孩子身上，就容易接纳。当你专注事的时候，你的焦点在孩子的事上，就容易产生对错好坏和情绪。哪种状态更有利于孩子对自己负责任呢？当然是前者。黄妍做到了接纳，也就实现了她自己的承诺。这既符合了教育的规律，又帮助孩子坚定了目标动力。

一个孩子对我说："连老师，你跟我爸妈说说，我想在学校附近租房子自己安静地学习，他俩太唠叨了。"

我问他:"换个环境你就可以安心学习了?"

"是啊,我就想静静地一个人。"

"那你有没有想过你爸妈为什么唠叨你?你要看到你想自由,而自由的另一面是自律,如果你真的自律,你的父母怎么会唠叨你呢?试想一下,不会游泳换再多游泳池你依然不会啊?"

"我有自己的目标啊!"孩子说。

"你问问自己,你所说的目标是想法还是可以执行的具体计划?"

很多孩子不清晰自己的目标,更谈不上说到做到。"立长志,常立志"的背后,就是没有愿景和清晰的目标。当目标不清晰的时候,人就不能聚焦,很难落地执行自己的想法。

所以要想真正帮助孩子实现人生目标或学习目标,家长就要以接纳的心态引领孩子树立愿景,制定明确的目标计划,孩子才能兑现他的承诺。我们的学习规画制定和全脑学习落地就是帮助孩子解决这一点的。

理念四：事情已经发生了，现在如何做让事情变得更好

薛雁玲：向内求的力量

在没有学习以前，我对负责任的理解仅限于表面，记得在我的孩子很小的时候，我就对他高标准，严要求，感觉只有这样才是对孩子负责任。从上小学开始，我就给孩子定了很多规矩，他的事情每样必须做好，否则非打即骂。在我严厉的管教下，孩子是不能有自己的想法的，他的学习必须是班里的前几名，回家不许看电视，除了吃饭其他时间全部学习。我买什么衣服他穿什么衣服，我买什么零食他吃什么，我说什么他就得听什么，要他怎么做他就得怎么做。

记得有一次带他到公园玩，有几个孩子在打气枪，我就买了票，让他去打，可他胆怯地拿着枪手在发抖，没有打破几个气球。我很生气，一个男孩子怎么如此胆小，他看到我的表情更是不自在。

让爱回家 幸福可以来"规画"

他的学习成绩，在上小学时还能保持前几名，可上初中就一路下滑，再打也没用，我以为他是个不负责任的孩子，但找不出真的原因。

后来，到星星合家长成长班学习，刚开始我还振振有词，认为我这么负责任，心都操碎了，都是孩子不争气，想跟老师探寻方法来管教孩子。可老师的方法是向内看，向外突破，改变自己，提升自己，才能引领孩子。随着课程的深入，我慢慢领悟到真正的负责任是没有分别心的，可我每次开家长会就认为他没有别的孩子成绩好，给我丢脸，就恼怒。他学不好的原因是因为我从小对他打压、指责、抱怨，让孩子没有自信心，缺乏安全感从而失去了学习的动力，原因在我。我美其名曰对孩子负责任，实际是对孩子的控制和要求，让孩子不能自主，找不到自我价值，身心严重透支，痛苦无比，他哪有精力来学习。找到了问题的根源，星星合的老师帮我制定了落地目标行动计划，从提升孩子的自信心做起，我每天都表扬鼓励孩子，孩子做得好的事情及时给予肯定，创造温暖舒心的家庭环境，让孩子的身心在家里得到了滋养。现在孩子的积极性有了明显提高，特别是给孩子做了科学测评后，让孩子看到了自己的先天学习优势，这在精神上给了孩子很大的鼓舞，孩子对学习更加努力了。

我现在理解了负责任就是把责任归因于"我"，事情因

第4章 十个案例背后的十大规画教育理念

"我"而起,结果因"我"而得,一切都是我自愿的,不去怨天尤人,而是很负责任地接受这一切。当我真正做到了负责任,我的生活发生了巨大的变化,孩子的脸露出了自信的笑容,他对自己的未来充满了信心,对学习有了负责任的态度,成绩有了很大的提升。

我的心情是平静的,思维是清晰的,不再有压迫感,外在表现是舒坦自在的,我衷心感谢星星合的老师对我的培养,让我学会了真正负责任,改变了自己和孩子的命运,并相信通过自己的不断学习进步,我和孩子的生活会越来越美好幸福。

连亮点评

薛雁玲的进步成长是巨大的。负责任就是面对孩子的时候没有分别心,关注孩子就是要明白"事情已经发生了,当下如何做能让事情变得更好。"在孩子的成长中,家长很容易成为受害者,关注的是父母为孩子如何如何,而孩子的表现却让人不满意。殊不知这种抱怨的背后传递的是我们的负面情绪,引发的是更多的负面能量的叠加。真正的负责任就是明确孩子的问题就是我的责任,不论之前怎样,事情既然已经发生了,我们就都基于目标导向,主动积极地面对,这才是有力量的。

负责越多,能力就越强。家长的格局越大,就越容易接纳,爱的流动就越容易。家庭教育最忌讳的就是拿自己的孩子跟别人的孩子比，过去的事情不断拿出来针对，将自己的情绪发泄到孩子身上。

负责任就是要愿意主动去面对和承担。问问自己："生活是谁的？家人是谁的？孩子又是谁的？当然是你的。"生活中为什么有很多的受害者？因为受害者最大的好处是可以推卸责任，博取同情，控制别人。但是人生很无力，需要获取外在的评价，属于外求模式，受害者就像一个吸血鬼，吸取身边人的认可和尊重。你愿意过负责任者的人生还是受害者的人生呢？

当你负责的时候，才是真正"向内看"的最佳时机，向内求是有力量的，可以把握自己的人生。

第4章 十个案例背后的十大规画教育理念

亲子互动体验活动中,家长和孩子们玩得不亦乐乎。大家在游戏中体验到幸福家庭规画落地课程的乐趣。

理念五：我不一定喜欢我欣赏的人，但我一定喜欢欣赏我的人

一个女儿的妈妈：欣赏就是传爱的过程

欣赏就是发现生活中的美，他人的美。当你真正去欣赏一个人或一件事时，他会带给你什么样的感觉呢？欣赏就是让我们不断向内看，让内心充满爱。当爱在身边流动起来，你就知道欣赏的力量有多么巨大。那如何做到欣赏呢？我们说发自肺腑的欣赏是因为内心的爱，有着这份爱的支持你就会珍惜当下拥有的一切，不论美丑、善恶、对错，不论过去和现在，怀着一颗感恩的心去接纳，打开心结，拓宽心胸格局，实现人生的精彩，这就是欣赏。

下面我分享发生在我身边的关于欣赏的故事。

为什么说欣赏是改变的开始呢？在我女儿的成长过程中，因为我不懂如何真正的爱孩子，我和孩子之间发生了很多矛盾和冲突。带着个人的困惑和焦虑，我走上学习的道

第4章 十个案例背后的十大规画教育理念

路。通过不断学习，我懂得每一个孩子都是独一无二的，关键是我们家长如何用自己的爱去欣赏孩子。以前我们不会欣赏，是源于我们自身的感觉和长期形成的判断阻碍了自己，当我看到孩子活出自己时，我是喜悦的。因为事情本没有对错，我会尊重孩子的决定。当孩子感受到你对她的信任和爱时，孩子会感到安全和被接纳，就更有信心去做自己。欣赏是一种心态，更是一种能力，在发现优点和价值时要及时去表达爱的能力。在我女儿14岁之前，我爱人长期在外地工作，陪伴女儿的时间很少，以至于回家和女儿无法很好地交流，有爱也不愿或不会去表达。在学习了"幸福可以来规画"系列课程后，我们更加重视对孩子的尊重和认可，我们家也开始尝试家庭会议这种方式。会议中有一项就是我们一家三口，互相欣赏对方的三个优点并表达出来。当女儿将双手放在爱人的手上，表达她对父亲为这个家奔波操劳的欣赏时，爱人和女儿的眼中都有泪水在打转。当爱人表达了女儿在做事时遵守承诺和承担家务劳动的优点时，女儿也因被父母认可而感到信心满满，这时爱就在父女间流动，这就是欣赏的力量。欣赏让女儿的内在发生巨大的变化。当我的双手放在爱人手上，听着爱人真诚地对我表达，我在女儿班级出色的演讲带给他对我的认可和肯定时，我感受到一种力量和暖暖的爱意。当心都打开时，我们爱的美好感觉就会涌出来,欣赏之爱是真爱。通过互相欣赏能力的锻炼,我们一家人的关系越来越和谐,有爱就要大声说出来。

欣赏就像一个磁场,它可以改变孩子的一生,只要我们不断向内看,可以看到我不一定喜欢我欣赏的人,但我一定喜欢欣赏我的人。让爱流动,生活中不缺乏美,而是缺乏发现美的眼睛,以及欣赏美的心灵和创造美的情怀。当我们能够站在别人的世界去看问题,站在别人的位置去理解时,我们就是在欣赏。

连亮点评

欣赏是因为有爱,是因为珍惜彼此,接纳彼此。我不一定喜欢我欣赏的人,但我一定喜欢欣赏我的人。人在欣赏对方的时候,就整合了对方。孩子是家长整合的对象,家长要想引领孩子必须从欣赏开始。在爱的情感银行里不断地发现孩子的优势,不断"存款",当你"取款"时才不至于产生对立和冲突。马风一家人的做法不就是彼此在对方的情感银行账户里"存款"吗?每天的欣赏是能量叠加的最好的机会。

"向内看"就是看到孩子的优点和长处,家长在任何一件事情的发生中都能看到孩子的价值,那就是高手。我们说"修身齐家治国平天下",修身的前提是"格物致知诚意正心","格物"就是区分,家长学会区分就是要看到事情背后的真相。"致知"的目标不是打击孩子,而是发现孩

第 4 章　十个案例背后的十大规画教育理念

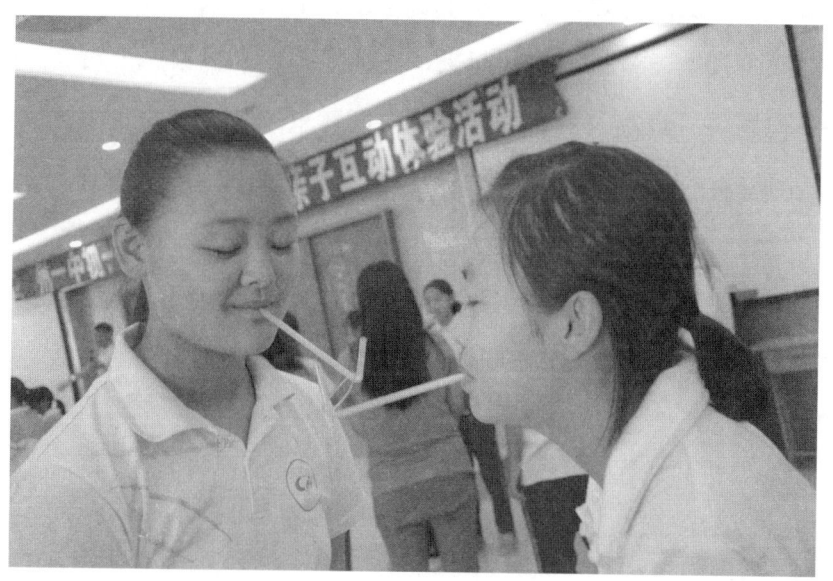

亲子互动体验活动中,正在激烈紧张进行"吸管接力赛"的伙伴们全神贯注地投入比赛。

子，成就孩子。"诚意"就是发出积极正面的念头，相信孩子。"正心"就是维护整体的利益，不在孩子面前表达指责、评判孩子的对错，静待花开。

接纳是欣赏的开始，事情发生了。爱能不能出来就看接纳还是不接纳。如果不接纳，爱很难流动起来，它被扼杀在"对错——对立——冲突——问题——解决——新的对错"的循环里，是无效的。生活停在表面，看似解决了问题，又产生了新的、更高级的问题。而一旦接纳了，就产生了热情和创造力。

我们和家长每天早晨一起读《爱语手册》，每天晚上写成长日记。就是在欣赏自己，欣赏家人。不断诚意正心，去创造我们幸福的生活。

理念六：越付出越拥有，越分享越幸福，越贡献越快乐

胡艳："付出者"的重生

大家好，我是胡艳。说起付出，相信每一位女性都会很有底气。在家庭的建立、成长过程中无处不凝结着自己的心血；在孩子孕育、抚养成人的过程中，母亲的付出无处不在。付出的你是怎样的呢？是满心喜悦还是身心俱疲，是精神抖擞还是焦虑不安？我分享一下我的故事。

家庭组建初期，一切都是那么和谐。夫唱妇随，配合默契，心里平静开心。因为我是同学中成家较早的，我的小家就是同学的聚会点。一到周末就热闹非凡，吃着，说着，笑着，仿佛能把六楼的楼顶掀翻。每一张照片中都是放松、开心的笑脸。爱做饭、会做饭的爱人更是大家夸赞的榜样。那时的初心就是同学情，所有的付出一点点别的杂念也没有，而收获的是满满的幸福和喜悦。

让爱回家 幸福可以来"规画"

孩子的降生给家里带来了更多变化：生活的重心基本围绕孩子的哺育，只想着孩子能健康成长。小时候的儿子很好带，会走路之后更是院子里爷爷奶奶的开心果，谁都可以抱抱。看到我下班，蹒跚着脚步向我扑过来。肉乎乎可爱至极。那时候的我心情依然是喜悦的，幸福的。

什么时候焦虑烦躁开始接近我，现在也回想不清楚。只是觉得自己说话声音越来越大，脾气越来越急躁，耐心离我渐行渐远。我和爱人说话语气是命令式的，和儿子说话是唠叨型的。说着话也会感觉怒气在心头盘旋。同时，我还感觉自己为家、为孩子付出太多，所以自己才变成这样。满心的委屈、抱怨，我像一颗随时能爆炸的炸弹，也像手持利器的暴徒，而这些正是用在了至亲至爱的人身上，自己却毫无觉察。

在星星合学习时，听到被害者身份，听到这种付出其实是索取，我迷惑了。老师又继续分析，付出时你的出发点是什么？你喜悦吗？你关注的是人还是事情呢？我真的没有仔细想过，大概是被生活的琐碎磨得麻木了吧！我来自哪里？我去向何处？我想要的生活是什么？老师的点拨敲打着我，让我思考这些模糊的问题。我的心好像一下豁然开朗，明白了自己以往种种的自以为是，是多么可笑！在第二阶段学习的过程中，我真的像重生了一般。精神饱满，早上早起一鼓作气,拖地,做早饭,准备中午做饭的食材,然后去上课,脑子中没有任何杂念,满满的动力、喜悦,这种感觉至今记忆犹新。

在那之后的时间里,我早上准备早饭,爱人掌勺,然后一起走路上班,俨然恋爱中的甜蜜感觉。我和儿子可以平静地交流感觉了,平日里对待家人说话语气也平缓了许多,耐心这个老朋友又开始向我频频招手示好了!奇怪了,一样的人,一样的琐事不断,我却一点没觉着烦。真的是要向内看,从自身找原因,改变了自己,也就成就了自己。

付出就这样伴随着每个人的生活。每一个人付出的深层原因是隐藏的很深的自私;付出的时候获得的是喜悦,这是付出的出发点;付出的焦点是对方,表现在"无我"就是当下没有考虑自己的得失。虽然这些对我依然是一生的功课,但我不畏惧,不恐慌,因为我找到了目标,并且在生活中不停实践。只有无条件的爱才会让人真正感受到爱的真谛!

连亮点评

胡艳为家庭的付出是我们的榜样。我们也看到了,很多时候我们区分付出和索取是不清晰的,其实付出和索取并不仅是在行为上,更是在心态上。我们以前文中"公交车上的老奶奶"为例:公交车上,上来一位颤颤巍巍的老奶奶。你赶紧让座让老人坐下。你站在她身旁，老奶奶什么也没说就开始闭目养神。你的反应是什么呢？第一种，你皱起眉头，心里感觉不舒服，想"这个老人家，一点礼貌都没有，真是。"第二种，你内心一乐，心想"老人家挺有意思"，同时做自己的事。如果是前者，内心是纠结的，看似是付出其实是索取；而后者内心是喜悦的，是付出。这就是区别。我们很多家长慢慢才发现以前是打着付出的旗号做索取的事情，胡艳也不例外。而她让我们感慨的是，她明白付出的真谛后，不再外求而是不断地向内看，她的家庭由此发生了巨大的变化。她带着喜悦、无我的状态去生活才发现以前越想要越得不到，而现在做好自己自然获得。

付出的真谛就是越分享越拥有，越付出越快乐，越贡献越幸福。

理念七：所有的不足和缺点都包含在自尊心里面

孙晓惠：信任是爱的前提

信任是一种信念，也是一种能力。没有信任，就会产生内耗，畏手畏脚，身心憔悴。

我亲身验证了上述话语。自孩子小时候，我就不信任她，每天她做的作业我都要一字一句地检查。她每天穿什么衣服，我帮着找好，包括孩子添件新衣的选择权都被我剥夺了。结果导致孩子初二年级做事仍然畏手畏脚，没有主见，不自信。孩子上高一了，我的知识不足以检查她作业时，我竟想到，订购网络课堂进行学习，然后再教孩子。我白天工作，晚上学习，累得筋疲力尽、身心憔悴，还是跟不上孩子的学习进度。我不信她自己能学好，孩子学习效率低下，我还要不断投入时间和精力。不敢放手，不敢放弃对孩子的控制，因为那样，我会觉得失控，焦虑。后来，我有幸在星星合跟随老师学习家庭规画教育的课程。近一年的时间，我试着信任孩子，让她自己选择穿什么衣服，找适合她的学习方法，我只是鼓励她，欣赏她，赞美她。学习成绩经过一段时间的回落后，又慢慢提升并趋于稳定。应了星星合老师说的，当孩子被信任并清晰他人对自己的期望时，就会尽力达成别人的期望，而且经常有超常的表现和成果。

信任的内因是：创造。信任就像发动机，在被信任者心中熊熊燃烧，推动他主动投入。在美国南部的一所监狱中有一名服刑犯人，他在劳动中，捡了1000元钱，当他交到狱警手中时，狱警却对他说："别想通过贿赂我为你减刑。"当天夜里，这名犯人越狱逃跑了。当他爬火车时，意外跌落在厕所门口，正当他拉开门准备进入时，看到一位漂亮女孩，女孩礼貌地对他说："先生，这门坏了，您能帮我把一下门吗？"犯人被女孩的信任打动了，决定要好好做人，结果，下了火车，他去自首了。信任为这名犯人创造了一种新的生活方式。

信任的心态是：无惧。诸葛亮七擒孟获的故事告诉我们，诸葛亮正是因为内心无惧，绝对相信自己能再次擒住孟获，而不担心孟获骗他。而我们却常常把信任的决定权交给别人，把不信任的原因归结为是对方的行为造成的。为什么有人不敢相信？因为问题的根源是他心里存在着一种恐惧

第4章 十个案例背后的十大规画教育理念

感,对自己不自信,从而缺乏安全感,心生恐惧,一旦恐惧超过自信,就会在自己与别人之间设立一道防线,不信任就产生了。所以让我们选择信任孩子,从我做起,建立信任。让我们以100%的信任开始,如果孩子屡次表现不佳,就降低难度来提升孩子的自信。

连亮点评

感谢孙晓惠家长的分享。首先我们要看到很多家庭因为信任区分不清楚,孩子和家长的关系是"警察"和"小偷"的关系。这样的关系很难创造出更好的成长环境。因为家长内心有担心和恐惧,害怕孩子又犯错、惹事。我们说相由心生,家长难免焦虑和压抑,内心不平静就要控制孩子的言行,不是警察是什么?这样的状态,哪来的精神互动?

幸福脚步

不是爸爸妈妈做错了什么,不是爸爸妈妈不爱孩子,不想给孩子营造一个温暖的家,而是爸爸妈妈内心尚未安定、安全。此刻我的感受是?今天我要感恩的是?今天我要向内看,向外突破的是?

谈到信任,首先要明确,爱的教育的前提是满足孩子的安全感,提升孩子的自尊心。因为所有的不足和缺点都包含在自尊心里面。我们的不信

让爱回家 幸福可以来"规画"

亲子户外活动，家长们一边准备各种食材，一边分享教育孩子促进家庭和谐的心得。

任会让对方产生不安全感，对方会像刺猬一样把自己包裹起来。

其次，谈到信任，我们要区分什么是信任？就是当下对自己安全感的评估。与他人无关，是自己对自己当下的评估。家长没有安全感才会把焦虑传递给孩子，内心有恐惧才会不断要求孩子。这就更加说明家长自我成长的重要性。自己都身处迷雾之中又如何把孩子引领出来呢？

更重要的是，当我们没有安全感的时候，我们很难正确表达出心中的情绪。所以真正的信任就是当我们安全感不够时还能表达出我们心中的感受，这才是真正的信任。面对孩子，我们的目的是要与孩子共同创造我们的幸福生活，心中有担心的时候表达出来，而不是发泄情绪。放弃去控制孩子，孩子就成长了。感谢晓慧的分享，祝福她在成长的路上更加精进。

理念八：共赢就是构建无限爱的能量场

罗瑜康：你给予爱，你就得到爱

看到"共赢"这两个字，也许大家会和我一样联想到企业、团队、销售等，在星星合学习一年多后，我终于明白在我们的婚姻、家庭关系中同样也需要共赢。

共赢在现代社会环境中是一个新的思维模式，在实际生活中，一个人不仅在社会工作中要有与人合作共赢的思路，在家庭生活中更需要。夫妻之间，与孩子之间，如果都把共赢的思维模式应用好，那么一切家庭矛盾都能迎刃而解。

我是一个初三孩子的家长，在没有来星星合学习之前，因为不懂得共赢，在家里经常为孩子的教育问题要和先生争个你高我低。为了证明我说的正确，我会搬来无数证据据理力争，两人吵得不可开交，各不相让。每天家里战火不断，每个人的情绪都到了爆点，关系异常紧张。女儿从小在这样

第4章 十个案例背后的十大规画教育理念

的环境下长大,心里受到很大的伤害,每天都是不开心的表情。有一次她给我们留了一个纸条,说不想在家里,要到同学家住几天。看到这个纸条后,我才忽然醒悟:赢了道理输了感情,家不是讲理的地方,家是讲爱的地方。我赢了理,但是输了和先生、女儿的感情,到头来我还是输了。

通过在星星合学习,让我领悟到家也是一个团队,每一个家庭成员都是一个独立的个体,每个人都有自己看问题的角度和观点,世界上的事没有对错之分。接纳生命的不同才是生活的秘密。爱是投其所好,而非给己所要,努力去改变别人不如用心做好自己。我真的好开心啊!不断学习让我有了共赢的气度。

理上明、心上修、事上磨。人说世界上最远的距离就是脑袋到脚的距离,也就是说从思想到行动的距离。在我的家庭生活中,我下意识地打破固有的思维模式,思考怎么样让先生和孩子赢,尊重他们的想法,开始了解他们的喜好以及我怎么样做他们最喜欢。先生比较喜欢别人认可他的观点、爱听赞美的话、爱整洁、希望回家就有可口的饭菜、喜欢多在家陪伴孩子。我就朝这方向努力,把一家之主的位置还给他,做到有序有爱,他讲话的时候认真倾听不再打断,时不时点头称赞。因为我不会做家务活,所以一切从头开始学习,把家收拾干净整洁,在网上学习烹饪技术,并尽量多

让爱回家 幸福可以来"规画"

陪伴孩子。我开始尊重孩子的想法，心平气和地和孩子沟通。当我做小小的改变后，我发现先生和女儿就有了很大的改变。以前我去上课他是非常反对的，就为这事我们也经常吵架。他现在不反对了，还给我做饭。现在我说的话他也能认真听了。女儿也变得开朗了，我们提的建议她也愿意采纳了。我发现其实我们努力去要赢别人时反而输了，当我们用心做好自己去帮助别人赢时，自己也赢了。

要做到共赢必须能站在别人的角度去考虑问题，体谅每一个人都有不同。记得女儿小学二年级，我去接她，学校学生都快走完她才吹着泡泡晃出来。当时我等得很着急，但是也没有说她太多，问了原因后，心想孩子玩性大，玩就玩一会吧。回家我做饭她写作业，吃晚饭时女儿对我说："妈妈，你是观世音菩萨"，我明白女儿小小的心里也知道妈妈是慈悲的、体谅她的。

当我们在家庭生活中都能做到共赢，那么我们就构建了一个无限爱的能量场，因为你给予别人什么就会得到什么，你给予爱，你就得到爱，你让别人赢你就会赢。

连亮点评

感恩分享。罗瑜康家长的悟性很高。家庭是一个团队，更是一个修

第 4 章 十个案例背后的十大规画教育理念

在动力营户外活动游戏中,孩子与孩子彼此了解更加深入。

行的道场。我们看到当我们的心胸格局变大时,气度就突显出来了。家庭的和谐是需要气度、尊重和体谅的。有一句谚语:再大的烙饼也大不过烙它的锅。我们所希望的家庭幸福就好像这张大饼,是否能烙出满意的"大饼",取决于烙它的那口"大锅"——这就是所谓的"格局"。家里没有谁付出的多或少,关键是自己的眼光、胸襟这些心理因素的内在布局。

罗瑜康就在这条幸福家庭的路上不断地给予,创造出家庭的幸福状态,我觉得她是智慧的。

理念九：人生是一个向内看，向外突破的过程

董燕：找回"丢失"十几年的自己

大家好，我是董燕。我不知道每个人是不是都有梦想。我从小就没有，我羡慕那些脱口而出说出自己梦想的人，他们怎么那么有想法?我怎么就没有呢?我困惑迷茫一直走在寻找的路上。有时感觉自己好累，好辛苦。可是我一直在努力追寻，寻找自己的梦想，寻找自己的位置。直到有一天我听了一场沙龙，让我开始走向了学习成长的道路。同时，也让我明白在我的心中，不知不觉已经埋下了一颗种子，只有等到大地复苏，那颗种子才会生根发芽。其实我们每个母亲都是大地，孩子就是我们的种子，每个种子都是独一无二的，可是我的种子为何不饱满呢？是大地的营养不够，还是种子不想成长呢？这都值得我们去思考。

记得有一天连老师对我说："你真的要庆幸来到星星

合，有我们还有这些伙伴。"我当时想：我为何要庆幸呢？我是掏钱来上课，我感谢也要感谢自己。可是后来"庆幸"两个字让我回味很久，已经融入我的身体。我真的要庆幸遇上幽默诙谐的姜萍老师和连亮老师，以及陪伴我走完课程三阶段的17位伙伴。是你们照亮我人生的方向，让我看到了自己内心的黑暗，让我醒悟生活中有很多东西不是能用金钱来衡量的。我得到的远比我付出的金钱多。我从焦虑到淡定的状态，家庭和谐，孩子越来越阳光、上进，这些能用金钱衡量吗？课程最重要的，是教会我敢于面对自己的过去。

记得一次上幸福规画的课程，回到家，我感觉很累，洗脸让自己清醒一下时，抬头看到镜中的自己，突然泪流满面。仔细看着自己，这就是我，我原来是这个样子，我仿佛第一次认识自己，这么用心看自己。我对自己说我把自己丢了，丢了几十年才找回来，我真的不容易，感觉自己好伟大，创造了一个奇迹。

因为年少的时候在外打工，被人冤枉是小偷，厂领导来审问给我造成了心理阴影，加之经常三班倒，生物钟被打乱，睡不着觉，最终得了精神病。住进医院，连续吃了5年的药，甚至上大学也偷偷在吃。我每天把头伸进衣柜，佯装找衣服把药吃了。医生说像我这么严重，能坚持吃药不复发还能去上大学很少见。现在想来我真的很厉害，珠算考试4~6

第4章 十个案例背后的十大规画教育理念

级一个档次，1～3级是一个档次，级别不一样。同宿舍一个关系好的同学过三级，我从大一考到大三终于过了三级，而且成绩不比别人差。最重要的是，我一直坚持锻炼，从一个吃激素的胖女孩变成窈窕淑女。我一直把自己当成正常人看待，自己也忘了这件沉睡很久的往事。

通过在星星合学习，我有勇气面对了。我敢对大家说出封闭了十几年的事，敢跟儿子说妈妈过去得过病，敢跟爱人诉说过去的经历。说出来表达自己，才会更真实，才更贴近自己。

这就是学习的力量，在其他人看来没有变化，对我来说却是翻天覆地的变化。我知道我慢慢靠近真我，我能与自己在一起了，我学会接纳自己，欣赏自己，不再讨厌过去的自己。因为我知道过去的我，成就了现在的我，创造未来的我。

我知道自己的梦想有很多，我敢大声说出我的梦想，我想当一名钢琴师、讲师，我要去以色列，我要走在法国的香榭丽舍大街当一名优雅的女人，我要看看德国制造，相信在不久的未来我的梦一定能实现。

感恩星星合三位导师的引导付出，让我找回我自己。感恩一起学习的伙伴，让我们互相信任彼此切实关爱，感恩爱人默默地支持付出，感恩孩子因我改变而改变自己，感恩自己给自己机会不断学习，不断努力，不断精进。感恩一切的发生！

<h2 style="text-align:center;">连亮点评</h2>

谢谢董燕，对她来讲改变最大的就是学习，而学习最终的目的是让她静下心来去实现心中的梦想，让家人对她有更多支持。

学习的宗旨不仅是自我的穿越，更是为了更多的人。我相信这样的学习才能产生更大的价值。因为自己的成长而能够不断地向外突破，去影响更多的人看到真相。董燕她们团队正在进行这样的爱的传播。我看中的是她个人的成长和她团队的成长，她开始拥有了更大的责任感。

幸福脚步

今天我在喜悦中步行10公里，去体验我完全和自己在一起的感受。当我这样做的时候，我感觉很特别。此刻我的感受是？今天我要感恩的是？今天我要向内看，向外突破的是？

我们在前面讲过，精彩的人生是需要挑战和激励的。很多人不敢去追求成功，不是追求不到成功，而是因为他们的心里面有着太多的干扰。

其实董燕是一个真性情的女子，敢说敢做。学习已完毕，就成为我们的合伙人，她传播幸福家庭规画思想，做得很认真。作为一名家长，她选择与星星合合作，一定有她的智慧之处，有她独到的见解。

第4章 十个案例背后的十大规画教育理念

亲子关系第一课爱心助教。是他们用专业、周到的服务感召了中国千万家庭走向幸福之路。

理念十：我是一切的根源，爱是所有的结局

祁慧：世界永远由你自己来创造

　　人生是有多种可能性的，人们往往受控于一个固化的角度去看待人生和事物，执着于自己的过去，受控于过去。贯穿人一生的是爱，当一个人相信理想后，就有激情，然后承诺于自己的理想与目标，采取负责任的、积极主动的态度，发自内心地欣赏身边的一切，心甘情愿地付出，信任他人，开创共赢的局面。这些过程会增添更大的激情，从而感召到更多的人参与其中，创造更大的可能性。

　　爱孩子就是要随时打破从"不可能"变为"有可能"的过程。我的儿子叶星辰今年上初三，他在上小学二年级时，看到父亲参加考试的书籍，很是好奇，他翻阅了父亲的考试资料，对于数学和逻辑这两门课非常感兴趣，平时他有时间就学父亲的样子，翻看数学。有次我看到他在爸爸的数学书

第4章 十个案例背后的十大规画教育理念

上边写边划，我当时想小孩子乱画玩的，没想到他爸爸告诉我，孩子做的题目居然是对的。我们很奇怪，没有人教他，他就自己看题和书上的内容居然把题目做出来了，孩子的可能性真的是无限大。他没有固定的框架和信念，没有关于不可能的判断，就是因为"空"，因为好奇去探询，变不可能为可能。

我们看到的是表象，看不到的是真相。无论是激情共赢还是付出，都是帮助我们创造出新的可能性。联想到我们参加三阶段幸福家庭规画学习，导师让我们团队17个人在4个月内必须要完成338场沙龙。当时所有的人都感觉这是不可能完成的事情，因为每个人平均20场，4个月下来每周就是1场沙龙，这绝对是不可能完成的任务。但连亮老师笑着说："世界上有什么事情不可能，一定是自己觉得不可以想象，或者是自己根本没有能力去达到的事情。你过去的经验和形成的信念，让你决定可能还是不可能。行动上不会去做，结果肯定做不到。如果像这样在'以前没做过'与做不到之间搭起因果的桥梁，人的一生便不能做成任何事情，因为出生的时候什么都没有经历过，什么都不懂！"

当我们实际去讲的时候，发现开沙龙其实并不是一件很困难的事情。为了让伙伴们参与，我专门制作了《世界由你来创造》《幸福可以来规画》沙龙幻灯模版，同时王东还联系了农校，让伙伴们去给大学生们讲课。有的伙伴从来没有上过讲台，但他们从一开始张口就紧张，到面对近200人侃侃而谈。沙龙结束后他们由衷感悟："敢比做更重要，告别演讲恐惧，当讲师的感觉真的太棒了！"

通过企业版的《有话好好说》《世界由你来创造》《团队合作》，伙伴们进企业去宣讲团队，宣讲可能性，宣讲家庭教育理念，受到了广泛的赞赏！17个伙伴两个月时间沙龙宣讲了115场，感召人数2630人。

可能性的内因是"空"，产生可能性的出发点是谦虚，打开可能性的方式是探询。去突破自我的执着。

2017年1月1日，我们17名家长成长班的成员，为青春期的孩子组织了一场大型公益活动《青春无悔》，目的是让青春期的孩子了解生命、爱与性的真相。

在这个1个月的组织过程中，大家从一开始的计划制定、分组商讨、组织募捐、到现场布置、助教招募、公益资金募集、活动报备、场地变化、老师衔接、信息发布，井然有序。期间大家还去汇嘉超市的现场作募集，不论男女老少，一听到我们在做一件针对青春期青少年的活动，纷纷伸出了援助之手，最终募集资金27000元。

但是一场突如其来的和田墨玉县暴恐事件，让公益活动紧急叫停。从一切按计划平稳实施到突如其来的重大变故，

第4章 十个案例背后的十大规画教育理念

团队伙伴无一人抱怨,迅速调整计划,用一天半时间完成联系场地、报备审批、布置场地、后勤保障,并以完美的结束落下帷幕。铭记其中的感动、温暖、力量、激情、亲密,所有的人一起经历过风雨洗礼,跌宕起伏,荣辱与共,艰难困境,依然迎难而上,创造了奇迹!

通过这次活动,团队的17位成员得到了历练和提升,团队的凝聚力再一次升华,感谢这场突如其来的改变,让我们看到一支尽心尽力、有爱、传爱的团队,更是一支面对挑战勇往直前的团队!我们创造了可能性!我们挑战了自己,挖掘可能性,我们有眼泪,有欢笑,我们有碰撞,有亲密,我们一起努力过,我们无怨无悔!

你成为什么人,是你内心抉择的结果。"每个人都是自己人生的导演",问题是你将如何导演自己人生这部大戏?人人都是自己人生的设计师,要树立自己人生的灯塔,建立整体蓝图并明确行动步骤,这样才能更好地活出生命的意义和价值,记住,你的世界永远由你自己来创造!

连亮点评

祁慧的故事,可以说是教练行为的一个案例故事。我知道,祁慧的家庭是很美满的,儿子也非常优秀。家庭的土壤肥沃,庄稼就长得好。大家觉着这是必然的。其实祁慧的儿子曾经也经历了很多的挑战。今年孩子初三,还没毕业就被几所重点中学抢着录取,就是因为在学校模考全年级第一。这个孩子从小学的默默无闻到今天如此优秀,其实跟家长的静待花开、不断学习是分不开的,尤其跟家长的为人处世分不开。

在学习中,面对团队祁慧勇于担当,很多事情都是在工作之余一人承担,在星星合付出了很多,他爱人也加入其中。我们没有任何费用支付,但他们心中明白,这一切都是在给家庭、给孩子注入爱的能量。

而今,她和李霞已经成为很多平台的优秀讲师,她把成长的理念和自身所经历的蜕变完美结合,拥有了自己的家庭教育圈子,不断传播幸福规画教育思想。

很感恩有这样优秀的伙伴,让幸福规画教育思想传播出去,去支持更多的家庭,创造更多的可能性。再次感恩祁慧。

Chapter 5

第 5 章

幸福家庭规画落地系统的六大工具

第5章 幸福家庭规画落地系统的六大工具

什么叫规画落地？用一句话语来形容一下，就是把个人旧的思维模式转化为新的思维模式，让一个人的境界发生变化，让他对孩子、对爱人的关注发生变化，继而对身边的人发生变化。

落地，就是旧人改造到新人的过程。这是一个由知道到做到的过程。因为一个人不去体验，他都不知道拥有那个感受。就像没尝过梨子就不知道梨子的滋味，要知道梨子的味道就要去尝一下。同理，整个规画体系中，落地就是不断地体验——做到——体验——做到的过程。

回顾全书，我们以爱为底色来规画幸福，它分为三个维度，一个是思维层面，一个是心态层面，一个是行为层面。这三个层面，每个层面分别设计了两个工具，一共六个工具，来帮助家长更好地理解思维系统、心态系统和行为系统。

思维层面有两个工具，它们分别是大脑思维6个层次和目标实现7步图，这两个工具可以帮助我们更好地理解愿景、目标和责任。

如果说理性为纲就在思维层面，那么，感性为表就在心态层面中。日记系统是心态层面的两个工具之一。通过一年的自我觉察和训练，家长在陪伴孩子的过程中，就会不断地向内看、向外突破。另一个工具是爱语手册，它分为家长版和孩子版，适合家庭晨读。

在行为层面也有两个工具，一个是沟通工具，另一个是教练工具。

这六大工具系统，就组成了我们幸福规画思想的整个系统（如下图）。

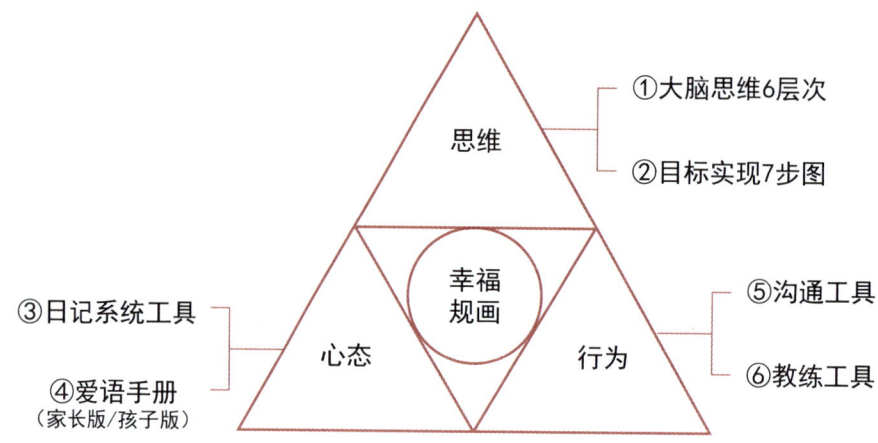

幸福家庭规画落地的三大系统与六大工具

工具一：大脑思维6层次——人内在心智运作的系统

我们买的手机、电器都会配有说明书，但没有人出生时会配备大脑说明书、人体说明书，这是我们认知的盲点，或者说是"与生俱来"的"缺憾"。追求幸福和人生的意义，又需要更多地认知自己的大脑和身体，怎么办呢？我们一起来了解大脑是怎么运行的（如下图）。

让爱回家 幸福可以来"规画"

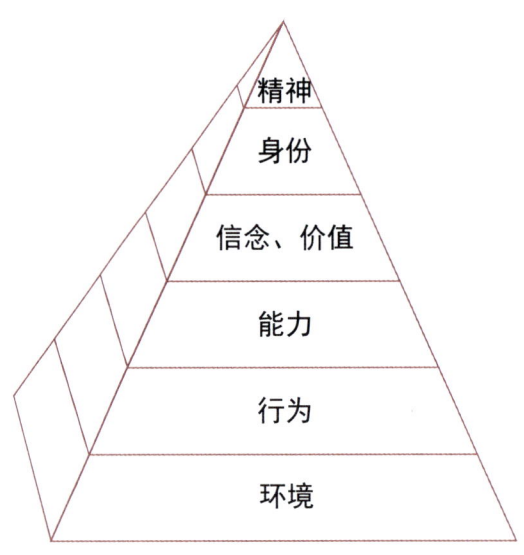

大脑运行逻辑图

精神——我与整个世界的各种人、事、物关系（人生的意义）。

身份——我以什么身份去实现人生的意义（我是谁，我有怎样的人生）。

信念、价值——配合这个身份，应该有怎么样的信念和价值观（为什么做，有什么意义，应该怎么样，什么最重要）。

能力——我可以有哪些不同的选择？我已掌握、还需掌握哪些能力（如何做，会不会做）？

行为——在环境中我们做的过程（做什么，有没有做到）。

第 5 章　幸福家庭规画落地系统的六大工具

老师旁征博引、妙趣横生的授课吸引了孩子们的注意力，图为全神贯注认真听讲的学员们。

环境——外界的条件和障碍（时间、地点、其他人、其他事物）。

例如，你的孩子数学考试成绩不好：

环境——老师说："这不是他的错，课室里的噪声很多，而学校总有些使学生分神的事情发生！"（对孩子的影响力）

行为——"他这次准备得不好。"（把责任交给了孩子）

能力——"他对数学一向都领悟得很慢。"（不只是这次的问题，而是一般的能力，意义的范围大了）

信念——"考试不大重要，重要的是他对学习没有兴趣。"（意义的范围更大，涉及价值观了）

身份——"他不适合学数学，他太蠢了。"（这个层次比刚才四个更高，是指向他这个人的本质：他是一个怎样的人）

理解六层次的要点：

（1）六层次是每一个人内在心智运作的系统，同时也涵盖所有人际关系的系统。

（2）有非凡成就的人（有伟大成果或能轻松处理好事情），都是自上而下形成了系统；而一切通过艰苦拼搏才获得成功的人是由下而上的。

（3）一切痛苦挣扎的人，都只停留在下三层，被较低层次限制和支配。

（4）上三层属于一个人的内在，下三层属于一个人的外在；上三层是人的潜意识，下三层是人的显意识（如下图）。我们在给孩子制定规画时，首先要明白，是内在决定外在，还是外在决定内在？当然，是内在决定外在。内在的信念、价值、身份和精神力量，决定一个人的能力、行为和适应或改变环境的能力。

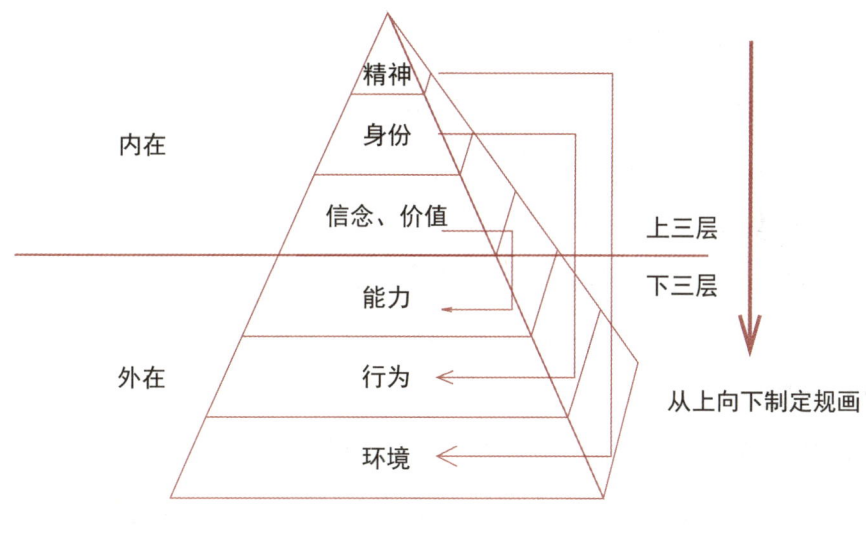

大脑运行的逻辑分层图

（5）上面层次发生变化，下面层次一定会发生变化；下面层次发生变化，上面层次短期内不一定发生变化。

（6）批评人时批评下三层，批评的层次越低越不易伤害其自尊；激励人时从上三层切入，层次越高激励越到位。

（7）沟通时，当发生对抗，同层次能解决就用同层次，解决不了时用上一层次就能比较容易解决。

（8）精神层次是一个人的动力源泉；

身份层次是一个人的动力的表达；

价值层次是一个人动力背后的支持；

信念层次是一个人动力的能量；

能力层次是一个人动力的技术层面；

行为层次是一个人动力的产物；

环境层次是一个人动力运作、展示的背景。

一般情况下，个人规画只会用到从下而上的五个层次。当一个人觉得有困难时，我们若能找出困难在哪个层次，就能更快、更有效地支持来访者解决问题。

层次越低的问题，越容易解决。通常的问题多是环境及行为层次的问题，当问题提升至信念或身份的层次时，解决起来便会困难得多。

一般来说，低层次的问题，在更高层次里容易找到解决方法。反过来说，一个高层次的问题，用较低层次解决问题，难有效果。

不管是家庭教育还是职场工作，大脑思维6层次法则，处处可见。我们来看一些例子（如下表）：

第 5 章 幸福家庭规画落地系统的六大工具

大脑思维6层次示例表

	解说	孩子考试不及格	下属的报告做得不好	自卑的人	婚姻教练
精神	我与整个世界的关系	孩子的一生	他对公司的贡献	处于一个危险、无助的世界	和谐的家庭，快乐的人生
身份	我是谁？我是一个怎么样的人？	他就是蠢！他天生没用！	我看他不是做总经理的材料！他不是个积极的人	我处处不如人！自小我便知道自己很弱	我们是天生一对。我是一个坚持原则的人，而他正相反！他很自私！
信念价值	事情应该怎样？什么是重要、有意义的？可以得到或者失去些什么？	他肯天天上学便算了！我的钱够他花一世，他毕业与否不重要	他已尽了力他服务多年，是一个诚实可靠的职员	输给他们是应当的！再去学习也没有用	为了孩子，我们必须继续下去 这段婚姻再没有什么意义可言
能力	有什么其他可能？可以怎样做？有什么特别的能力？	孩子从未学过英文拼音法！	他可以先来问我嘛！他没上过大学，哪会懂得做"存货流动率"分析	除了这还有什么办法？我的确什么都尝试过了！	我可以离家出走，也考虑找个男朋友 我无法和他沟通
行为	过程是怎样？事情内容 每天／上次的做法	考试前一晚，孩子还在看电视至凌晨才睡	他的报告里没有做"存在流动率"分析	我天天都在害怕公司解雇我！我一见到他走过来便觉得恐慌！	我们一天也说不上三句话，每天下班这么晚回到家中已经筋疲力尽
环境	其他人、事、物 何时、何地	那所学校本来就不够好 我早就说那些老师差劲啦！	没给他足够的时间 货仓那边的资料不全	没有一个同事关心我 闹市不适合我生活	这份工作增加了我俩之间的问题 他在外面有个女朋友

所以，我们在用大脑思维6层次帮助家长和孩子制定学习和成长目标时，首先要帮助他们梳理清楚内在。

比如，有一个孩子说："我的目标是这一年之内，我要成为班里的班长。"

要实现这个目标，一定要找到符合这个目标的身份。身份是"我是一个内在具有什么品质的人。"所以，这个负责任、有魅力、自律就是一个人内在品质的表现。身份和行为是对应的，身份决定行为，行为反过来也影响身份。按照思维6层次说，内在决定外在，内在的身份决定外在的行为表现，外在的行为表现又影响内在的身份定位。

工具二：目标实现7步图——SMART原则

当班长的感觉是实现那个负责任、有魅力、自律这三个关键内在身份定位的词语，最终是实现这种幸福和谐的状态。

与实现这个目标所匹配的身份是什么？这就是我们要讲的第二个工具——目标实现7步图（如下图）。

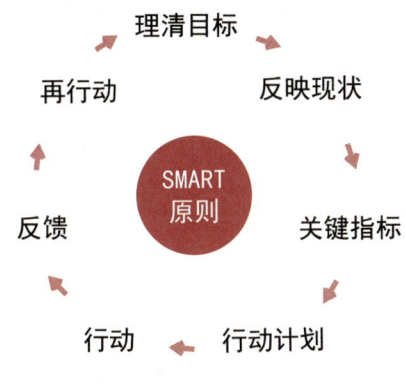

目标实现七步图

让爱回家 幸福可以来"规画"

在老师的引导下,孩子们慢慢找回了自信,理解了活出自我精彩人生的重要性,图为释放天性与自我的孩子们。

仍以孩子一年内当班长为例，这个目标明不明确？很明确。有时间限制，目标也具体可以衡量，内心能不能接受？可以。能不能达成？可以。这是厘清目标。

接下来我们要做的是反映现状。

孩子这一年要实现当班长的目标，我们就要问他，要成为一个班长，首先要成为一个什么样的人？你认为你们班的班长在你心目中具有哪些优秀的品质，请列举出20条。

孩子列出了20条：

班长是负责任的；

班长是有魅力的；

班长表达能力很强；

班长学习能力很强；

班长具有个人管理能力和组织管理能力；

班长是愿意承诺并愿意做到的；

班长是行动力很强的……

20条罗列出来后，我们还要问："你觉得过去你跟这个班长比起来，有哪些不适合班长身份定位的行为和表现？"

孩子想了一会，找出来了，他说：

"上课随意说话，做小动作；

下课的时候躺在地上玩；

冬天的时候，袜子湿了，我把袜子脱了扔到暖气片上……"

要不要去转变？要。那最想要转变的三个方面是什么？

孩子说：

"想成为一个负责任的班长；

想成为一个自律的班长；

想成为一个有魅力的班长。"

好，通过现状分析，目标更清晰了。孩子要做一个有责任、有魅力、自律的班长。那么接下来第三步是制定关键指标。

自律——比如看动画片，约定每个星期六、星期天看一小时动画片，在看动画片过程中约定好，设定闹钟，提醒自己。

展现魅力——比如主持班级主题会，站在台前，看着台下所有的同学，鼓起勇气大声地向同学问好。现场的表达、思路，引经据典，让同学们专注地注视着我。

学习能力——比如学习方面要达到班长的层面，必须每天坚持做三件事：一是作业独立完成，保证全对；二是作业按时完成，晚上10点之前，作业全部完成，自己检查；三是每天晚上预习、复习功课。

关键指标分解的过程，实际上就是制定行动计划的过程。每天去做的时候，就是具体的行动。达成的时候是什么感觉，没达成是什么感觉。这是反馈。反馈之后一个至关重要的环节就是修正或调整，然后再行动，直至目标达成。这就是目标实现的7个步骤，如同7步图。

在孩子实现目标的过程中，我们必须要明白的是，这个身份定位和他的行为是有极大的关系的。他有"我是一个负责任、有魅力、自律的班

第 5 章 幸福家庭规画落地系统的六大工具

长"的身份定位,因此我们要给孩子讲清楚什么叫负责任——说到做到,承诺兑现。什么叫做有魅力——别人认同你,别人支持你,别人愿意为你去做事。什么叫自律——自我要求。在生活中任何一点小事,孩子只要是完全按照他的目标计划去做,其实就已经体现出他负责任、有魅力和自律的概念了。家长需要时刻关注孩子做到了没有,事中要不断提醒他。

目标、行动和成果是实现目标的一个完整系统。可以用SMART系统来帮助人们设定目标、取得成果,它包含五个方面:

S——明确的(Specific),指目标要明确,设定者非常清晰自己想要做到的是什么;

M——可量度的(Measurable),要有具体的成果,这个成果必须是可以精确量化的数字或图表;

A——可达到的(Attainable),可量化的成果不是好高骛远的,是经过努力后的确有可能、有机会做到的;

R——相关联的(Relevant),制定的行动计划是为目标和成果服务的,只有相关联的行动才能帮助人们达成目标;

T——有检视点的(Tradeable),需要为成果的达成细分计划,可以阶段性地检视进度,便于调整目标和行动。

工具三：日记系统——365天幸福脚步

日记系统，又叫365天幸福脚步（如下图），是心态层面的工具之一。写日记是自我觉察最好的方式，通过一年365天的自我觉察和训练，改善内心世界，不断地向内看、向外突破。

日记系统之《365天幸福脚步》封面图

第 5 章 幸福家庭规画落地系统的六大工具

第一篇日记，应该包含下面这些内容：

此生我来到这个世界的目的是什么？

我想成为怎样的人？

我要成为怎样的人？

此刻我的感受是？

今天我要感恩的是？

今天我要向内看、向外突破的是什么？

如果要按月划分日记主题的话，参考如下：

第一月：回到生命里，做自己的主人；

第二月：我是因，世界是果，我是一切的根源；

第三月：习惯和选择带给我们的力量；

第四月：爱自己、做，多因做到而得到；

第五月：学习爱、享受爱、分享爱、传递爱；

第六月：影响人、唤醒人、融化人；

第七月：爱要向内看，向外突破；

第八月：爱的关系决定一切，先从爱自己开始；

第九月：家是爱的源泉，是滋养心灵的最好能量场；

第十月：修身、齐家、治国、平天下；

第十一月：我接受天地无条件的爱，我祝福；

第十二月：成长后自己的下一步。

日记有什么好处呢？

听课过程中陷入深思的家长。

这是孩子每天来总结自己的心情日记。通过发生一些什么事情，发现自己，然后下一步该怎么做。同时也总结一下，每天做的时候，达成的时候什么感觉，没达成是什么感觉。

那父母日记写什么？写跟孩子对话的日记。哪些对话进行不下去？哪些对话效果不好？哪些对话效果好？全部要记下来。一家人共同进行分享，共同成长。

工具四：爱语手册——朗读是生命的养分

有了日记的铺垫之后，我们还可以用爱语手册来执行。具体做法分两步，首先是请孩子在手册上填写自己的承诺书：

我叫XXX，郑重承诺：我的生命绝不随波逐流，为了我和我爱的亲人，我一定要实现我的目标。为此我做出承诺：

一、全程参与家庭规画系统；

二、合理的叫训练，不合理的叫磨练；

三、我承诺说到做到；

四、我要做到积极正面，以身示范；

五、感觉不好向内看；

六、我对自己人生负百分之百的责任，感谢身边出现的任何人，任何事；

七、说话算数，承诺做到。

承诺人：XXX
年 月 日

第5章 幸福家庭规画落地系统的六大工具

这个承诺不仅要公开承诺，还要全家人一起签字，相互监督。爸爸监督孩子和孩子妈妈，妈妈监督孩子和孩子爸爸，孩子监督爸爸和妈妈。彼此形成一个三位一体的监督体系。每个人做好自己的目标、计划，一家人一起去实现那个幸福和谐的大目标。

其次是朗读爱语手册（如下图）。

家长爱语篇封面

孩子爱语篇封面

让爱回家 幸福可以来"规画"

相信大家都看过央视《朗读者》的节目，这个节目之所以火热，就是因为它将文字里蕴含的蓬勃力量，通过朗读的方式传达给众人。主持人董卿在片头说："多长时间没有阅读了，很久了吧，大家都觉得那是学生时代的事情，或者说它只属于某一小部分人，实际上，朗读属于每一个人，朗读属于每个人的一生。"用庄重、深厚的语音，声情并茂地告诉大家朗读是生命的养分。

幸福规画落地体系的《爱语手册》，分为孩子版和家长版，我们精心编写了蕴含蓬勃力量的文章，目的就是让每一个"朗读者"将自己的个人成长、情感体验、目标实现的故事，情感交织，娓娓道来，用文字和声音工具的力量，规画一生，幸福一生。

在思维系统中，我们描述愿景时，就明确了，我们不只是家长，更是自我成长者和爱的传播流动者，是爱的使者。有这样一位妈妈，在参加幸福规画课后，每天早上起来读《爱语手册》，她不但为孩子读，为自己读，为爱人读，还将手册装进手包中，上班路上、工间休息时，都拿出来读一读，每天至少读三遍。她不但感染了孩子和家人，也改善了与同事之间的关系。

第 5 章 幸福家庭规画落地系统的六大工具

①

②

③

④

朗读示范图：①直面人生，②气吞山河，③顶天立地，④阳光普照。

工具五：有效沟通的3个指标——准确性、实时性和效率

幸福规画落地体系行为层面，也有两个工具，分别是沟通工具和教练工具。

在行为层面如何做到幸福规画呢？首先，在家庭中要传播好思想和正能量，有句话叫："不传爱，就是害。"有智慧的父母会随时随地传播正能量。怎么传播的呢？是通过通情达理，一个人情通了，理才能达，情不通理也不可能达。

人从降临世间发出第一声啼哭开始，就一直以某种形式在沟通。沟通是人与人之间互相了解的唯一方式。有人做过研究，人处在觉醒状态，有70%的时间是在进行各种沟通，沟通的重要性由此可见。

有效沟通有三个指标：准确性、实时性和效率（如下图）。

第 5 章 幸福家庭规画落地系统的六大工具

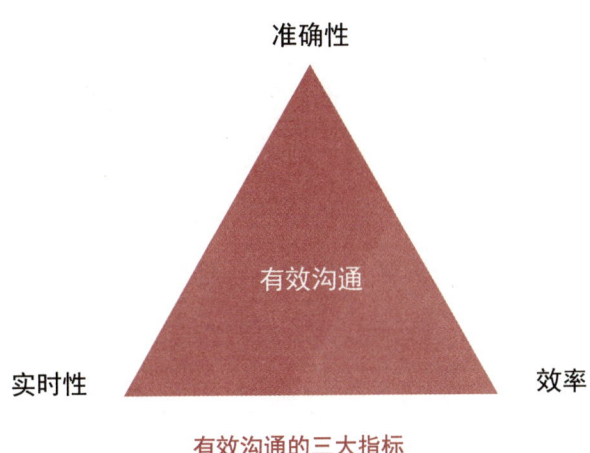

有效沟通的三大指标

实时性和效率的达成依靠即时沟通。沟通的效率需要一种状态，人们在状态之中，接收速度会比平时快很多。在事情发生的当下，在对方有体验的那一刻，将要沟通的内容说出来，会引起对方内心的共鸣，轻松地打开接收的空间。

如果等事情过去了一段时间，再翻出来沟通，等于是让对方从另外的状态进入以前的状态，这需要时间，也有一定的难度，还可能给人留下啰嗦的印象。最好的方法是即时沟通。

准确性是人们容易忽略的。因为人们认为沟通很简单，无非就是把想法告诉他人，说完了，沟通就结束了。沟通的过程的确这样简单：有人说，有人听，听说结束，沟通完成。但是，沟通的关键不是你说了什么，而是对方听到了什么。这就是准确性的要点，听到了，说明沟通的准确性高，听不到，说明沟通的准确性低。

对方不是根据你说的内容，而是根据他听到的内容来决定是否接受你的沟通。也就是说，如果准确性差，实际效果不好，接收者就会产生抗拒。在父母和孩子的沟通中，这种情况经常出现，父母要求子女改掉某个不良的习惯，苦口婆心，就是没有效果，到后来，父母只要提起这件事情，孩子就逃避和抗拒。某一天，因为其他人的一句话，孩子马上就改掉了这个坏习惯。

同样的内容，经过不同的人说出来，产生不同的效果，这里的微妙之处是沟通的准确性。准确性包含内容、表述方式、语气和神态等沟通形式之中。抗拒者经常是先抗拒形式，再拒绝内容，因为在他的接收系统中，形式成为了真正的内容。

工具六：5种教练能力——运用之妙，存乎一心

幸福规画的第一个系统，思维系统就明确了家长的愿景——从传统型的父母，变成规画教练型的父母。规画教练型的父母，就要求必须掌握教练工具。简单来说，这要求做父母的从不断灌输型的家长向询问型家长、"爱的使者"型家长转变，通过询问和爱的方式，来厘清孩子的目标、心态。

5种教练能力是：和谐氛围、积极聆听、目标发问、有效区分、真诚回应（如下图）。

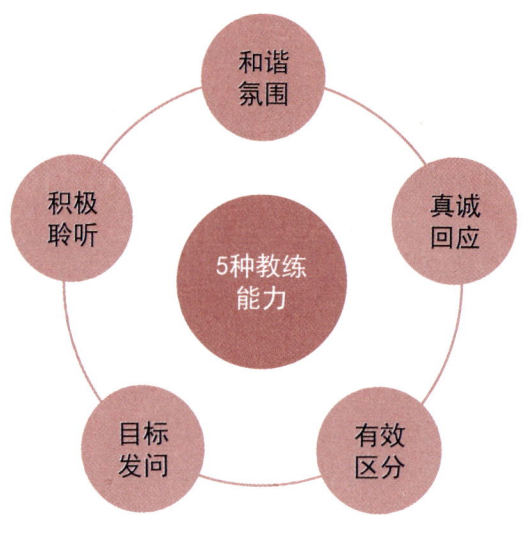

5种教练能力图

和谐氛围

建立和谐氛围就是搭建一个爱的能量场。在这个能量场里让每一个人有种温暖幸福的感受。家庭的和谐氛围对孩子的成长有直接的影响，企业的团队氛围对一个员工状态也起到至关重要的影响。

建立和谐氛围首先要了解人。每一个人都喜欢爱与被爱，都喜欢被人欣赏，都喜欢别人的鼓励和支持。其次，要站在对方的角度去化解，让对方感受到美好和支持。听过这么一个笑话：某人在大街上耀武扬威地大

第 5 章 幸福家庭规画落地系统的六大工具

大家把象征着团结和力量的手紧握在一起，意味着团队强大的向心力和凝聚力。

喊："谁敢惹我？"很多人避而远之。不过有一个大汉走上前来说："我敢惹你。"某人一愣，随即说："那么谁敢惹咱们俩呢？"虽然可笑，但是反映了人化敌为友的机智，就是思维模式的转换。

积极聆听

"听"和"聆听"略有不同，"听"是听全部的内容，没有什么方向，就像人们聊天，是很随意的，畅所欲言而漫无目的；"聆听"是有方向性的听，教练聆听的方向性是带领对方去听，帮助对方了解自己的位置。当然聆听也需要听对方说话的全部内容，听对方的音量、说话的节奏以及说话的音调。对方的言外之意、感受和情绪等常常隐藏在这些因素中。

规画教练模式中有一个三"R"的聆听技巧：接收（Receive）、反映（Reflect）和复述（Rephrase）。接收就是听全部的内容，不批判、不选择、用心地听；反映是即时反映真实的情况，比如告诉对方"你说得太快/太慢，听不清楚""这个你已经说了三遍了""我还没有听到你想表达什么"等；复述是为了让双方的沟通没有偏差，向对方叙述他说过的内容，像这些句子："我扼要地说一遍，你刚才所表达的是……""我听到你在说……"，就是复述。

有效聆听，是启动教练过程的钥匙，它可以为教练收集到真实的资料，建立起双方的联系。只有在有效聆听的基础上，教练才可以顺利进行。

目标发问

希腊哲学家柏拉图说:"很多时候,问题往往比答案更重要。"提问是思考的前提,哲学始于提问。哲学家们认为,提问是向"他者"提问,要想提问,首先得肯定"他者",站在"他者"的角度考虑是对"他者"提问的前提。教练所有的发问都是关于被教练者的,这是发问始终不变的前提。

聆听是有方向性的,发问让这种方向更为集中,能够帮助教练更有效地聆听。

发问的问题可以分为两种类型:封闭性问题和开放性问题。封闭性问题,不需要对方多想什么或多说什么,只要回答"是"或"不是"。例如,"你喜欢这份工作吗?""你有没有觉得自己不对?"以及"你愿不愿意改进?"等;开放性的问题,不是用简单的"是"或"不是"就可以回答的,需要"他者"将自己的想法、需要、感受、观点、经历、兴趣和目标等说出来。例如"你认为怎么办?""你有什么实际困难?",等等。

封闭性问题是为了求证事实,开放性问题可以获得更多的观点;封闭性问题设置了范畴,开放性问题打开了空间。两类问题都重要,关键是要用对地方。

有效区分

区分的意思是分辨事物之间的异同点，能够辨别出不同的事物。

教练的过程是区分的过程，区分能力越强，教练的能力就越强。教练区分的目的是反映真相，帮助对方看到自己的盲点，看到并迁善自己的心态，教练区分的方向是有利于被教练者清晰自己、迁善心态、开拓信念和达成目标的方向。这就要求教练要区分出被教练者在说话中掺杂的演绎，令对方看到事实并不是他所讲的那样，看到他自我演绎的方法。比如对方说："我没有学过经营，能力不行，不可能去做市场。"教练为他做区分：没学过经营是事实，能力不行是演绎，不可能去做市场不是因为他没有学过经营，肯定还有其他原因。做了区分后，教练进一步发问，然后再做区分，帮助对方看到不愿意去做市场的真正原因。

真诚回应

回应是此刻的感受，是反馈区分的一种形式。回应包含回答和反应两层意思，一般来讲，回答是用说话来回答，反应是用非口头语言的方式，例如身体语言、情绪等。教练聆听和区分后，就要用回应来为对方"照镜子"。

第5章 幸福家庭规画落地系统的六大工具

用说话来回应，说话的内容很重要，说话时的语气和表情也很重要。当孩子大胆地提出一个新的学习计划时，家长用关切的语气回应："你行吗？"孩子能够感觉出家长的询问和怀疑，他有可能会继续谈论他的想法，让家长看到他的能力和计划的可行性，如果家长用上升的语调问："你行吗？"还伴有一脸的不屑，孩子有可能就会停止探讨，因为他从家长的回应中看到了蔑视。这不是一个好的回应。

教练回应的是体验，是此时此刻真实的感受，而不是对错与好坏的标准，更不是对好坏对错的批判。这一点非常重要，是教练客观反映真相的基础和条件。也就是说，教练所有的回应都是源自于自己的体验，而不是批评和指责。当教练把焦点摆在对方身上去表达某个体验时，这就是一个很好的回应。

如何理解回应的是体验？教练聆听到对方说话中有不满，就回应他："我觉得你有不满情绪"，当教练听到对方在转移话题和推卸责任，可以回应："我听到你在转移话题，也听到你在推卸责任。"反之，批判性的回应则不是这样，而是"我觉得你很贪心！""你别转移话题，别推卸责任"……总之，教练回应的是自己的体验，而不是批评被教练者。其他的语言和表情，如打击、发泄、讨好和讽刺等，都不是真正的回应。

教练回应的出发点是支持对方，回应的心态是真诚负责、直接明确以及即时的。贡献教练的体验可以帮助对方清楚他的位置，"我体验到你很不开心""我体验到你很犹豫""我体验到你很放松"等回应真实地照见了对方的状态。只有教练者，才可能做到心中"无我"，平静而客观地贡献自己的体验。教练回应的内容和神情，一定要发自内心，你是怎么样的体验，就真实回应，不能勉强和回避。勉强与回避只会增加教练与被教练者的不信任。回应的时候不能犹豫不决，更不要在话题已经走远的时候，再回头来回应刚才的体验，回应一定是直接而即时的，是当下这一刻的体验。

回应不是给建议。"你最好……""你应该……""你需要……"这样的语句，这种顺带出来的建议和教育，都是说话者的主观想法和方法，不是切身的体验。教练是镜子，镜子只告诉你打扮得如何，而不会告诉你应该怎么样打扮，只有回应自己的体验，教练才是一面中立的镜子。

人们照镜子，会很快做出调整，但是照信念和心态的镜子，并不是所有的人都会快速接受和主动调整的。人们对教练的回应，会出现保护自己、自我解释、竭力辩驳、选择性接收、抗拒、自我检视和接受等不同的反应。

当被教练者抗拒教练的回应时，教练自己的反应很重要，它关系到教练能否继续进行下去。此时，教练不能采取以下的这些反应：不理会对方、继续沿刚才的方向回应、与对方争执，或者向对方解释回应的原因、指责对方的反应、否定对方反应的意思。教练的处理方向是在情绪上保持镇定，将焦点放在自我审视上，容许对方有任何反应。自我审视的方向是自己的回应究竟是批判性的，还是支持对方的回应。

教练对被教练者的反应也应该即时回应，可以直接回应他："我留意到你对我的看法很抗拒"，也可以回应他："是的，这是我的体验，你可到你对我的看法很抗拒",也可以回应他："是的,这是我的体验,你可以不接受。"甚至可以挑战性地回应他："你在抗拒什么?"基本上,被教练者抗拒教练的回应,不在于回应本身,而是关于教练回应的出发点。出发点关系到被教练者究竟能够从教练的回应中收到什么内容,这个内容不一定包含在回应的语言之中,教练的神态、语气和情绪都是内容的组成元素,运用之妙,存乎一心。

好书是俊杰之士的心血，智读汇为您精选上品好书

亲爱的读者朋友：

我们倡导学以致用、知行合一，特别推出互联网时代学习与成长的"三个一工程"——一书一课一社群。

1. 关注智读汇书友订阅号，回复试读本编号，即可阅读试读本。
2. 所有"智读汇·名师书苑"的精品图书背后，都有老师精品课程值得关注。希望到课堂现场聆听作者的智慧分享，请与我们联系。愿我们共同分享阅读、学习和成长的乐趣！

试读本编号	书名	作者	简介	定价（元）
009	有料：舌尖上的智慧，魅力领袖的说话之道	杨 斌	本书通过三篇教你如何成为口才达人：第一篇"取料"，第二篇"倒料"，第三篇"加料"。	39.00
010	花开的感觉	王莲宇	本书分三卷，是作者对生命意义的一些领悟，以期给读者的心灵带去引导和教益，在生命修行的路途中共同绽放。	48.00
011	教导型组织（最新版）	侯志奎	本书根据"教导模式"课程而来，至今已风靡近十年，影响波及东南亚，改变了数十万人的命运。	39.00
012	赢在薪酬	郑指梁 范 平	从战略、匹配、绩效、实操和工具五个层次，全面解读成功企业高效率薪酬体系设计！	45.00
013	这样开店赚翻天	刘俭文 杨 敬	书中每一个案例都源自于终端门店的第一线，每一种方法都经过门店一线员工的亲身检验，可谓是经营连锁裤装品牌必读宝典	38.00
014	精英：未曾选择的路	星 辰	吹糠见米，为你详尽解读精英阶层走向成功的思维力、关系力和行动力！	39.80
015	解密 HRBP 发展与体系构建	徐升华	中国 HRBP 界第一本书，国际人力资源顶级大师 Dave Ulrich 鼎力推荐！	49.80
016	绩效增长：向绩效管理要利润的中国实践	江竹兵	本书已有 5000 多家企业学习，400000 名学员见证，解读行动成功王牌课程"绩效增长模式"！	49.80
017	让生命绽放	侯志奎	作者谈人生、谈事业、谈成功，向我们展示了一个充满灵性的生命旅程，具有思想启迪与行动指导意义。	45.00
018	成交宝典	汪 明	本书共 5 章，作者将为大家破解成为公众行销成交高手的秘密。书后附有学员见证和成交宝典 50 条语录。	39.80
019	走在梦想的路上	王鹏程	本书以小说生动细腻的笔触＋专业的职业生涯指导，写就一部毕业十年最感人职场与爱情双丰收励志小说。	39.80
020	南聊：南柏智慧箴言	南 柏	央视百家讲坛大咖鲍鹏山、韩田鹿、郦波联袂推荐，已使成千上万企业家学员受益！	45.00
021	支点 撬动企业快速成长的黄金法则	李 骁	作者系统研究和借鉴现代管理营销，创新地提炼出了"支点理论"，并系统地阐述了其方法和运用法则！	45.00
022	培训进化论	张立志	本书融合 5 家企业大学案例，凝练 10 个学习设计模型，归纳 80 个实战工具图表。最实效的培训必读书！	49.90
023	精解 HRBP 实战案例·工具与方案	徐升华	《解密 HRBP 发展与体系构建》姊妹篇，更多实战案例、工具与方案，传统 HR 向 HRBP 转型必备工具书！	49.80
024	好预算定乾坤	方 岚	以对小说细节精益求精刻画的匠心及作者二十多年的专业和权威，详解全面预算管理基本理论、实操细节、执行要点！	45.00
025	新三板市值管理	施淇丰 王 凯	新三板市值管理第一本书！已（拟）挂牌企业、券商、投资公司、基金公司、中小企业局新三板市值管理必备书！	68.00
026	全景营销	潘多英	本书大量实操性的工具、方法，都来源于一线实践，可以帮助系统思考、掌握工具，全面提升理论和操作素养。	49.90
027	掘金母婴店	王 同	本书为母婴店开店选址、组货、与供应商合作、门店业绩等方方面面提供了翔实而有效的指导。	49.90
028	培训的力量	许盛华	培训为何以需求为导向，以及如何进行量化管理，本书有答案、有工具。这是互联网＋时代培训管理与创新必备指南。	58.00
029	秒懂逻辑	李伟希	本书从逻辑的起点开始，到形式逻辑的三大基本规律、三大基本推理，再到 19 种逻辑谬误等概念浅近直白地呈现出来。	49.90

"智读汇·名师书苑"系列精品图书诚征优质书稿

智读汇创意出版中心以"内容+"为核心理念的教育图书出版平台,与出版社及社会各界强强联手,整合一流的内容资源,多年来在业内享有良好的信誉和口碑。现为《培训》杂志理事单位,及众多培训机构、讲师平台、商会和行业协会图书出版支持单位。

向致力于为中国企业发展奉献智慧,提供培训与咨询的培训师、咨询师诚征优质书稿。同时兼顾讲师品牌及课程价值塑造相关的音像光盘、微电影、电视讲座等。

咨询热线:021-61175958　13816981508(兼微信)

试读本编号	书名	作者	简介	定价(元)
030	案例即本质:工业品营销实战案例精解	丁兴良	本书所表述的是实际营销工作中攻与守的应对之策,对营销工作的日后开展具有一定的启迪和借鉴意义。	59.00
031	营销总监成长记	闫治民	本书从业绩、管理方面,阐述了营销人如何从菜鸟到高手,展示了营销人的成长风采。	49.90
032	掘金网络大电影	林凯 谌秀峰	爱奇艺创始人、CEO龚宇隆重推荐!一本书读懂网络大电影创意策划、融资建组、拍摄剪辑、宣发上线的秘籍。	42.00
033	搞定不确定:行动学习给你答案	石鑫	通过案例和理论相结合的方式进行全景式的深度解剖和分析。案例丰富,分析透彻。	49.90
034	横渡,不一样的人生	史振钧 等	一本描写那些徒手横渡琼州海峡的牛人们的励志书,是献给横渡爱好者、游泳爱好者、运动爱好者们的礼物。	49.90
035	灵魂有血性的男人	徐利伟	他的卓越,让他成为世界第一名的销售大师乔·吉拉德唯一亲自颁发自己随身佩戴的NO.1勋章的顶尖销售大师!	49.90
036	地产喧嚣十八年	曹春尧	编年体房地产当代史书,历史泼墨中面和点、线勾勒,翔实、简洁共容,人物与政策、事件联通,缘由、经过和结果贯穿。	68.00
037	向3M学创新	梁家广 甘德林	这是一本向3M光辉创新历史致敬的书,也是作者为回归创新初心而写的作品。	49.90
038	为自己代言:魅力演说的终极心法	杨林	本书通过演说智慧、销讲智慧、导师智慧、领袖智慧帮助企业家提高演讲水平,更好地"为自己代言"。	45.00
040	赢销特种兵	萧金城	精心提炼19条业绩倍增实战宝典,营销本质一看就懂;匠心设计19道业绩倍增思考练习,能力提升一学就会。	49.80
041	阿米巴经营领先之道	宗英涛	本书是一个阿米巴经营顾问的咨询感悟,一本中国企业阿米巴经营落地教材,一把打开阿米巴经营宝库的金钥匙。	59.90
042	金融战争的奥秘	田凯	金融爱好者的知乎宝典,金融从业者的头条秘籍,一本书读懂金融战争背后的金融学。	59.90
043	翟杰论说鬼谷子	翟杰	"翟杰国学智慧三部曲"系列丛书之一,全面详解《鬼谷子》智慧,中国教育艺术泰斗、国学大师李燕杰教授倾力推荐。	45.00
044	世界500强绩效管理你学得会	姚琼	全球绩效管理的新实践、新理论、新工具,独家精解Google等硅谷公司OKRs的成功秘籍。	49.90
045	视频微课实战胜经	张海 范国玉	移动学习时代微课教学设计、拍摄录制、剪辑制作完全指导手册。	59.90
046	企业基因图	尹玉龙 等	一张图告诉拟创业和已创业的老板经营企业的奥秘,至少让你少走5年的弯路。	59.90

*更多试读本尽在智读汇书友订阅号。

智读汇书友订阅号

智读汇书友淘宝店

智读汇书友微店